IL LIBRO DI CUCINA GIORNALIERO DELLE UOVA FRESCHE

OLTRE 100 FAVOLOSE RICETTE PER UTILIZZARE LE UOVA IN MODI INASPETTATI PER VOI E LA VOSTRA FAMIGLIA

Maria Tuveri

Tutti i diritti riservati.

Disclaimer

Le informazioni contenute in questo eBook intendono servire come una raccolta completa di strategie su cui l'autore di questo eBook ha svolto ricerche. Riassunti, strategie, suggerimenti e trucchi sono solo raccomandazioni dell'autore e la lettura di questo eBook non garantisce che i propri risultati rispecchino esattamente i risultati dell'autore. L'autore dell'eBook ha compiuto ogni ragionevole sforzo per fornire informazioni aggiornate e accurate ai lettori dell'eBook. L'autore e i suoi associati non saranno ritenuti responsabili per eventuali errori o omissioni non intenzionali che potrebbero essere trovati. Il materiale contenuto nell'eBook può includere informazioni di terzi. I materiali di terze parti comprendono opinioni espresse dai loro proprietari. In quanto tale, l'autore dell'eBook non si assume alcuna responsabilità per materiale o opinioni di terzi.

L'eBook è copyright © 2022 con tutti i diritti riservati. È illegale ridistribuire, copiare o creare lavori derivati da questo eBook in tutto o in parte. Nessuna parte di questo rapporto può essere riprodotta o ritrasmessa in alcun modo riprodotta o ritrasmessa in qualsiasi forma senza l'autorizzazione scritta espressa e firmata dall'autore.

SOMMARIO

SOMMARIO **3**

INTRODUZIONE **7**

RICETTE BASE DI UOVA FRESCHE **8**

    1. Uova sode 9
    2. Uova fritte 11
    3. Uova in camicia 13
    4. Uova strapazzate 15
    5. Frittate 17
    6. Uova al microonde 19
    7. quiche 21
    8. Frittate 23
    9. Sufflè 26
    10. Crepes 29
    11. meringa 32
    12. uova in salamoia 34
    13. Pasta biscotto di base 36

UOVO FRESCO GIORNALIERO **38**

    14. Pomodori ripieni 39
    15. Soufflé spagnolo in padella 41
    16. Cuocere la colazione ai mirtilli 43
    17. Uova in salsa 46
    18. Uova nei nidi 49
    19. Frittata con feta e verdure 52
    20. Uova diaboliche piccanti 55
    21. Frittelle Di Zucca Condite 58
    22. Frittelle di carote e patate 61
    23. Tazze di hashish per la colazione 64
    24. Frittata di verdure al formaggio 67
    25. Morsi di brownie ai fagioli neri 70
    26. Patate Dolci Fiorentine 73
    27. Muffin alle carote 76

28. Crostate di noci pecan in miniatura 79
29. Torta di capelli al cacao 81
30. Cheesecake alla ricotta 83
31. Uova Ripiene Microgreen 86
32. Frittelle di germogli di piselli 88
33. Frittata di albume e microgreens 91
34. Pinon (frittata di manzo e piantaggine) 93
35. Panini di farina di riso portoricani 96
36. Flan de queso di Porto Rico 99
37. Polpettone di Porto Rico 102
38. Avocado ripieno di pesce affumicato 105
39. Uova al forno con salmone affumicato 108
40. Uovo in camicia e salmone affumicato 111
41. Tuorli d'uovo conservati 114
42. Uova in salamoia 117
43. Uova di salsa di soia affumicate 120
44. Uova al curry 123
45. Uova in salamoia di barbabietola 126
46. Muffin di mais con tacchino affumicato 129
47. Salmone affumicato con frittelle di patate 132
48. Salmone affumicato al forno e feta 135
49. Cheesecake al salmone affumicato 138
50. Focaccine al cheddar 141
51. Frittelle di patate all'erba cipollina 143
52. Budino di mais e tacchino affumicato 146
53. Crostata cremosa di salmone affumicato e aneto 149
54. Latkes con salmone affumicato 152
55. Frittelle di avena e cannella 155
56. Frittata di bietole e quinoa svizzera 158
57. Uova al forno piccanti con formaggio di capra 161
60. Frittata di funghi e formaggio all'aglio 163
61. Lune di mele gommose 166
62. Torta per diabetici e povera di sodio 168
63. Gelato allo zucchero di canna e alle noci pecan 170
64. Torta a strati di meringa al limone 173
65. Torta alla crema di cioccolato 176

66. Biscotti Ciliegia-Mandorla 179
67. Biscotti con fiocchi d'avena e scaglie di cioccolato 182
68. Torta di pane di mais a basso contenuto di sodio 185
69. Torta soufflé al cioccolato 188
70. Tacos per la colazione 191
71. Hash alla griglia 194
72. Frittata di olive ed erbe aromatiche 197
73. frittata di asparagi 199
74. Toast Fragole E Mandorle 201
75. frittelle con scaglie di cioccolato 203
76. Cialde al cioccolato e noci 205
77. Barrette Di Muesli E Ciliegie Secche 208
78. Muffin Di Frutta E Noci 210
79. Snack bar doppia zucca 213
80. Crosta di pizza all'uovo 216
81. Frittata con verdure 218
82. Muffin all'uovo 220
83. Uova strapazzate di salmone affumicato 222
84. Bistecca e uova 224
85. Cuocere le uova 226
86. frittata 229
87. Naan / Frittelle / Crepes 231
88. Pancakes con zucchine 233
89. quiche 235
90. Polpette di salsiccia per la colazione 237
91. Panini con salsiccia a colazione 239
92. crema pasticcera al peperoncino 242
93. Panini con salsiccia a colazione 245
94. Pancakes tedeschi 247

BEVANDE FRESCHE ALL'UOVO 250

95. Coquito 251
96. Amaretto Sour Classico 253
97. Whisky Sour Cocktail 255
98. Liquore all'uovo tedesco 257
99. Caffè all'uovo vietnamita 260

100. ZABAIONE 262

CONCLUSIONE 264

INTRODUZIONE

Sappiamo tutti che le uova fanno bene. Sono un'ottima fonte di proteine e nutrienti chiave ed estremamente versatili nei molti modi in cui possono essere preparati. La cosa migliore delle uova però? Sono deliziosi.

In questo libro troverai tecniche e idee passo dopo passo per assicurarti di ottenere sempre uova perfette e deliziose. Imparando solo alcune nozioni di base puoi preparare un'ampia gamma di pasti semplici da preparare per tutte le persone che desideri. Quindi vai avanti e vai a cracking!

RICETTE BASE DI UOVA FRESCHE

1. Uova sode

Indicazioni

a) Disporre le uova in un unico strato sul fondo della pentola e coprire con acqua fredda. L'acqua dovrebbe essere circa un pollice o giù di lì più alta delle uova. Coprite la pentola e portate a bollore a fuoco medio-alto.
b) Quando l'acqua inizia a bollire, togliere la pentola dal fuoco e lasciar riposare per 18-23 minuti. Per un tuorlo più morbido, riduci il tempo a 3-4 minuti e da 11 a 12 minuti per un tuorlo medio.
c) Scolare e far scorrere immediatamente l'acqua fredda sulle uova fino a quando non si sono raffreddate oppure rimuovere le uova con una schiumarola e metterle in un bagno di ghiaccio per fermare la cottura.

2. Uova fritte

ingredienti

- Uova
- Spray da cucina, burro o olio
- Sale e pepe

Indicazioni

a) Scaldare una padella a fuoco medio. Ricopri la padella con spray da cucina (se usi solo una padella normale), burro o olio, in base alle tue preferenze. Se si utilizza il burro, lasciare che si sciolga abbastanza per farlo sciogliere e se si utilizza l'olio lasciarlo scaldare per 30 secondi.

b) Rompi un uovo in una ciotola (se friggi più uova, puoi romperle ciascuna nella propria ciotola o puoi riutilizzare la stessa ciotola) e far cadere delicatamente l'uovo nella padella. Condite leggermente con sale e pepe (facoltativo).

c) Lascia cuocere l'uovo fino a quando l'albume non si rapprende e i bordi iniziano ad arricciarsi, per circa 3-4 minuti. Resisti alla tentazione di agitarti: le tue uova risulteranno migliori se lasciate sole. Per il lato soleggiato, fai semplicemente scivolare l'uovo su un piatto. Per le uova troppo facili, troppo medie o troppo buone, vai al passaggio successivo.

d) Usa una spatola per capovolgere delicatamente l'uovo. Non è necessario metterlo tutto sotto l'uovo, ma assicurati che sia sotto il tuorlo prima di capovolgere. Cuocere per circa 30 secondi in più per troppo facile, 1 minuto per troppo medio e un minuto e mezzo per troppo bene. Capovolgere ancora una volta e far scivolare su un piatto.

3. Uova in camicia

ingredienti

- Uova
- Acqua
- Sale e pepe

Indicazioni

a) Riempi una casseruola con 8 cm di acqua e portala a bollore. Nel frattempo, rompi ogni uovo nella sua ciotolina in modo che sia pronto per essere utilizzato quando l'acqua raggiunge la giusta temperatura.

b) Quando l'acqua raggiunge il bollore, farla appassire a fuoco lento. Tenendo la ciotola appena sopra l'acqua bollente, fai scivolare delicatamente l'uovo nell'acqua. Inserisci il secondo uovo allo stesso modo e cerca di tenere traccia dell'ordine in cui sono entrati. Il primo uovo dovrebbe essere il primo uovo uscito. Ricorda di usare più acqua se stai cucinando più uova in modo che la temperatura dell'acqua non scenda troppo.

c) Sfornare le uova dopo 3 minuti per le morbide in camicia o lasciarle cuocere per 5 minuti per un tuorlo più solido. Scolatele con una schiumarola e fate scolare quanta più acqua possibile. L'uovo dovrebbe oscillare (ma solo un po') quando muovi il cucchiaio. Adagiate le uova cotte su carta assorbente e condite con sale e pepe (facoltativo).

4. Uova strapazzate

ingredienti

- Uova
- Latte
- Spray da cucina o burro
- Sale e pepe (facoltativo)

Indicazioni

a) Per preparare una porzione singola di uova strapazzate, rompi 2 uova in una ciotola e sbatti in 2 cucchiai (30 ml) di latte. Condire con sale e pepe, se lo si desidera.

b) Scaldare la padella a fuoco medio. Ricopri la padella con spray da cucina (se usi solo una padella normale) o burro in base alle tue preferenze. Se usi il burro, lascia che si sciolga abbastanza. Versare le uova nella padella e ridurre il fuoco a medio-basso.

c) Spostare delicatamente le uova con una spatola, formando una cagliata morbida. Continuare a mescolare finché non ci sono più uova liquide nella padella, ma prima che le uova appaiano asciutte.

d) Rimuovere immediatamente le uova e il piatto.

5. Frittate

ingredienti
- 2 uova
- 2 cucchiai (30 ml) di acqua
- Spray da cucina, burro o olio
- Ripieni a piacere (es: formaggio, funghi, peperoni verdi)
- Sale e pepe (facoltativo)

Indicazioni

a) Utilizzando una frusta o una forchetta, sbattere le uova con 2 cucchiai (30 ml) di acqua. Aggiustate di sale e pepe (facoltativo). Assicurati di incorporare bene il tuorlo e l'albume.

b) Scaldare una padella a fuoco medio-alto. Ricopri la padella con spray da cucina (se usi solo una padella normale), burro o olio, in base alle tue preferenze. Se si utilizza il burro, lasciare che si sciolga abbastanza per farlo sciogliere e se si utilizza l'olio lasciarlo scaldare per 30 secondi.

c) Quando la padella sarà ben calda, versate il composto. Mentre il composto di uova si deposita attorno al bordo della padella, utilizzare una spatola per spingere delicatamente le porzioni cotte verso il centro della padella. Inclinare e ruotare la padella per consentire all'uovo crudo di fluire negli spazi vuoti. Quando la superficie dell'uovo appare umida ma non si muove quando la padella viene scossa, è pronta per essere farcita. Aggiungi il ripieno con parsimonia: un po' fa molto.

d) Piegate la frittata a metà con una spatola e fate dorare leggermente il fondo prima di farla scivolare su un piatto. Se vi avanza del ripieno, versate il resto sopra la frittata.

6. Uova al microonde

ingredienti
- 1 uovo
- Spray da cucina, burro o olio
- Pizzico di sale

Indicazioni
a) Rivestire un contenitore per microonde o uno stampino con spray da cucina, burro o olio, in base alle proprie preferenze (se si utilizza il cuociuova a microonde, non è necessario ricoprire). Cospargere qualche granello di sale sul fondo del contenitore. Il sale attira l'energia del microonde e aiuta a cuocere l'uovo in modo uniforme.
b) Rompi un uovo nel contenitore. Bucherellare il tuorlo e l'albume con una forchetta 4 o 5 volte (è necessario forare per evitare che esplodano durante la cottura).
c) Coprire con pellicola trasparente, tirando indietro una piccola area per lo sfiato (se si utilizza il cuociuova a microonde, posizionare il coperchio sulla base e ruotare per fissarlo).
d) PER L'UOVO COTTO MORBIDA: Microonde su Alto (100% di potenza) per 30 secondi, o su Medio (50% di potenza) per 50 secondi. Lascia riposare per 30 secondi prima di rimuovere la pellicola o il coperchio. Se è ancora poco cotto, capovolgere l'uovo nel contenitore, coprire e cuocere nel microonde per altri 10 secondi, o fino a cottura desiderata.
e) PER L'UOVO COTTO: Microonde su High (100% di potenza) per 40 secondi. Lascia riposare per 30 secondi prima di rimuovere la pellicola o il coperchio. Se è ancora poco cotto, capovolgere l'uovo nel contenitore, coprire e cuocere nel microonde per altri 10 secondi, o fino a cottura desiderata.

7. quiche

ingredienti
- 4 uova
- Guscio di torta precotto
- Ripieni desiderati
- 1 1/2 tazze (375 ml) di panna o latte
- Sale e pepe (facoltativo)

Indicazioni

a) Preriscaldare il forno a 180°C (350°F). Cospargi il formaggio e qualsiasi altro ripieno che desideri sul fondo del guscio della torta.
b) Sbattere insieme le uova e la panna in una ciotola fino a quando non saranno ben amalgamate. Aggiustate di sale e pepe (facoltativo).
c) Versare con cura il composto nel guscio della torta.
d) Cuocere per 35-40 minuti o fino a quando il ripieno non diventa dorato. Per controllare la cottura, inserire un coltello al centro della quiche. Se esce pulito è fatto! Lasciar riposare per 10 minuti prima di servire.

8. Frittate

ingredienti
- 8 uova
- 1/2 tazza (125 ml) d'acqua
- 1/8 cucchiaini (0,5 ml) di sale
- 1/8 cucchiaini (0,5 ml) di pepe
- Spray da cucina, burro o olio
- 2 tazze (500 ml) di ripieno Ingredienti (verdure tritate, carne, pollame, frutti di mare o una combinazione)
- 1/2 tazza (125 ml) di formaggio grattugiato
- Erbe aromatiche fresche o essiccate, a piacere (facoltativo)

Indicazioni

a) Preriscaldare il forno per grigliare. Sbattere le uova, l'acqua, le erbe aromatiche, il sale e il pepe in una ciotola media. Mettere da parte.

b) Scalda una padella antiaderente da 25 cm a fuoco medio. Rivestire la padella con spray da cucina (se si utilizza solo una padella normale), burro o olio, in base alle proprie preferenze. Se si utilizza il burro, lasciare che si sciolga abbastanza per farlo sciogliere e se si utilizza l'olio lasciarlo scaldare per 30 secondi. Aggiungere il ripieno Ingredienti, rosolarli fino a completa cottura, mescolando spesso.

c) Versare il composto di uova. Mentre la miscela si deposita attorno al bordo della padella, sollevare delicatamente le porzioni cotte con una spatola per consentire all'uovo crudo di fluire sotto. Cuocere fino a quando il fondo non è ben rappreso e la parte superiore è quasi rassodata, per circa 8-10 minuti.

d) Cospargere il formaggio sopra. Mettere la padella sotto la griglia preriscaldata per 2 o 3 minuti per far sciogliere il formaggio e gonfiare la frittata o coprire con il coperchio e cuocere per un paio di minuti sul fornello.

e) Allentare il bordo della frittata con un coltello. Taglia a spicchi e servi.

9. Sufflè

ingredienti
- 4 uova
- 2 albumi d'uovo
- 2 cucchiai (30 ml) di burro
- 2 cucchiai (30 ml) di farina per tutti gli usi
- 1/2 cucchiaino (2,5 ml) di sale
- Pizzicare il pepe
- 3/4 tazza (175 ml) di latte (1%)
- 1/4 cucchiaino (1,25 ml) di cremor tartaro

Indicazioni

a) Preriscaldare il forno a 190°C (375°F). Sciogliere il burro in una casseruola media a fuoco basso. Unire la farina, il sale e il pepe. Cuocete, mescolando continuamente, fino a quando il composto non sarà liscio e spumoso. Unire il latte gradualmente. Continuate a mescolare finché il composto non sarà liscio e si sarà addensato.

b) Separare i 4 tuorli d'uovo, riservando 2 degli albumi. Sbattere bene i tuorli e aggiungere 60 ml di salsa tiepida ai tuorli d'uovo.

c) Unire questa miscela di tuorli con la salsa rimanente, mescolando accuratamente.

d) Montare gli albumi con il cremor tartaro in una ciotola capiente, fino a che non saranno ben rigidi ma non asciutti.

e) Unire alcuni degli albumi alla salsa per renderla più chiara, quindi incorporare delicatamente ma accuratamente la salsa agli albumi rimanenti.

f) Versare con cura in una pirofila o una casseruola da 4 tazze (1 L) leggermente unta.

g) Cuocere fino a quando non sarà gonfio e leggermente dorato, da 20 a 25 minuti circa.

10. Crepes

ingredienti
4 uova
1/2 cucchiaino (2,5 ml) di sale
2 tazze (500 ml) di farina per tutti gli usi
2 tazze (500 ml) di latte
60 ml di olio vegetale
Spray da cucina o burro

Indicazioni

a) Unire le uova e il sale in una ciotola media. A poco a poco aggiungete la farina, alternando con il latte e sbattendo fino ad ottenere un composto omogeneo. Sbattere lentamente l'olio. Puoi anche usare un frullatore per questo passaggio. Lavorare tutti gli ingredienti fino a che liscio, circa 1 minuto. Mettere in frigo la pastella per almeno 30 minuti in modo che la farina si dilati e le eventuali bolle d'aria si riducano. La pastella potrebbe addensarsi durante questo periodo, quindi potrebbe essere necessario diluirla aggiungendo un po' più di latte o acqua. La pastella per crêpe deve avere la consistenza di una crema densa.

b) Ricopri la tua padella per crêpe con un po' di spray da cucina (se usi solo una padella normale) o burro. Riscaldare a fuoco medio-alto fino a quando le goccioline d'acqua sfrigolano quando vengono cosparse nella padella.

c) Mescolare la pastella e versare circa 3 cucchiai (45 ml) di pastella nella padella tutto in una volta.

d) Inclinare e ruotare rapidamente la padella scuotendola delicatamente con un movimento circolare per ricoprire il fondo della padella con la pastella.

Cuocere fino a quando il fondo della crêpe non sarà leggermente dorato, circa 45 secondi. Capovolgere la crêpe con la spatola e cuocere per altri 15-30 secondi. Trasferire su un piatto e ripetere con la pastella rimasta. Aggiungi altro spray da cucina o burro nella padella se le crêpes iniziano ad attaccarsi.

11.   meringa

ingredienti
- 3 albumi a temperatura ambiente
- 1/4 cucchiaino (1,25 ml) di cremor tartaro o succo di limone
- 60 ml di zucchero semolato

Indicazioni

a) Preriscaldare il forno a 220°C (425°F). Per preparare una meringa base, separare gli albumi e metterli in una ciotola di vetro o di metallo (le ciotole di plastica possono avere una pellicola untuosa che impedisce la formazione di schiuma). Separare le uova senza lasciare traccia di tuorlo negli albumi in quanto il grasso del tuorlo impedirà agli albumi di sviluppare il volume desiderato.

b) Unite il cremor tartaro e, con le fruste elettriche, montate gli albumi a neve. Dovrebbero formare quelli che vengono chiamati picchi morbidi. I picchi sono le "colline" che si sollevano quando si rimuovono i battitori dalla schiuma. Saprai che le tue cime sono morbide quando le punte cadono delicatamente.

c) Aggiungere gradualmente lo zucchero, 1 o 2 cucchiai (15-30 ml) alla volta finché non è tutto incorporato e le punte diventano lucide. Continuate a sbattere fino a quando la schiuma non sarà ben soda e tutto lo zucchero si sarà sciolto. Per verificare se lo zucchero si è sciolto, strofina la meringa sbattuta tra pollice e indice. Se ti sembra granuloso, sbatti le uova qualche secondo in più fino a che liscio.

d) Metti la meringa sul ripieno caldo e cuoci per circa 4 o 5 minuti, quanto basta per dorare delicatamente le cime.

12. uova in salamoia

ingredienti
- 12 uova sode
- 1 tazza (250 ml) di acqua
- 1 tazza (250 ml) di aceto bianco
- 1 cucchiaio (15 ml) di zucchero semolato
- 1 cucchiaino (5 ml) di sale
- 2 cucchiaini (10 ml) di spezie in salamoia

Indicazioni
a) In una piccola casseruola a fuoco alto, unire l'acqua, l'aceto, lo zucchero, il sale e le spezie in salamoia. Portare a bollore, mescolando spesso fino a quando lo zucchero non si sarà sciolto. Abbassate la fiamma al minimo e fate sobbollire per 10 minuti.
b) Assicurandovi che siano completamente raffreddate, sbucciate le uova sode e mettetele nel barattolo. Scopri come fare delle perfette uova sode a p.4.
c) Versare il liquido di decapaggio caldo nel barattolo, direttamente sopra le uova. Puoi filtrare le spezie in salamoia a questo punto, ma gli ingredienti non filtrati creano una bella presentazione.
d) Conservare in frigorifero per almeno 2 giorni prima dell'uso.

13. Pasta biscotto di base

ingredienti

- 2 1/4 tazze (550 ml) di farina per tutti gli usi
- 1 cucchiaino (5 ml) di bicarbonato di sodio
- 1/4 cucchiaino (1,25 ml) di sale
- 3/4 di tazza (175 ml) di burro, a temperatura ambiente
- 175 ml di zucchero semolato
- 3/4 di tazza (175 ml) di zucchero di canna confezionato
- 2 uova
- 1 cucchiaino (5 ml) di vaniglia

Indicazioni

a) Preriscalda il forno a 180°C e fodera le teglie con carta da forno o tappetino in silicone. Unisci la farina, il bicarbonato e il sale in una ciotola media.

b) Sbattere il burro e lo zucchero semolato e di canna con le fruste elettriche in una ciotola capiente fino ad ottenere un composto liscio e spumoso. Aggiungere le uova e la vaniglia e sbattere fino a quando non saranno ben amalgamate. Aggiungere la miscela di farina e sbattere fino a quando non è ben amalgamata.

c) Versare un cucchiaio di impasto a circa 2 pollici (5 cm) di distanza sulle teglie preparate. Cuocere solo fino a quando i biscotti perdono il loro aspetto lucido, circa 9 minuti. Lasciate raffreddare i biscotti sulle teglie per 1 minuto prima di trasferirli su una gratella a raffreddare completamente.

UOVO FRESCO GIORNALIERO

14. Pomodori ripieni

ingredienti:

- 8 pomodorini o 3 pomodori grandi
- 4 uova sode, raffreddate e sbucciate
- 6 cucchiai Aioli o maionese
- Sale e pepe
- 1 cucchiaio di prezzemolo tritato
- 1 cucchiaio di pangrattato bianco, se si utilizzano pomodori grandi

Indicazioni:

a) Tuffare i pomodori in una bacinella di acqua ghiacciata o molto fredda dopo averli spellati in una pentola con acqua bollente per 10 secondi.

b) Tagliare le cime dei pomodori. Usando un cucchiaino o un coltellino affilato, raschia via i semi e l'interno.

c) Schiacciare le uova con l'Aioli (o la maionese, se utilizzata), sale, pepe e prezzemolo in una terrina.

d) Farcire i pomodori con il ripieno, schiacciandoli bene. Rimettere i coperchi ad angolo sbarazzino sui pomodorini.

e) Riempire i pomodori fino in cima, premendo bene fino a quando non sono livellati. Conservare in frigorifero per 1 ora prima di affettare ad anelli usando un coltello da intaglio affilato.

f) Guarnire con prezzemolo.

15. Soufflé spagnolo in padella

Porzioni: 1

Ingrediente

- 1 scatola di riso integrale spagnolo veloce
- 4 uova
- 4 once Peperoncini verdi tritati
- 1 tazza di acqua
- 1 tazza di formaggio grattugiato

Indicazioni:

a) Seguire le indicazioni di confezionamento per la cottura del contenuto della scatola.

b) Quando il riso è pronto, mantecate con gli altri ingredienti, escluso il formaggio.

c) Completate con il formaggio grattugiato e infornate a 180° per 30-35 minuti.

16.   Cuocere la colazione ai mirtilli

Resa: 6 porzioni

ingredienti:

- 6 fette di pane integrale, raffermo o essiccato
- 2 uova, sbattute
- 1 tazza di latte scremato
- 1/4 tazza di zucchero di canna, diviso
- Scorza di 1 limone, divisa
- 2 cucchiaini di cannella, divisi
- 2 1/2 tazze di mirtilli, divisi

Indicazioni:

a) Preriscaldare il forno a 350 gradi Fahrenheit. Usando uno spray da cucina, ungete una teglia per muffin da 12 tazze.

b) Tagliate a cubetti il pane e mettetelo da parte. Sbattere insieme le uova, il latte e lo zucchero in una ciotola capiente.

c) Aggiungi 2 cucchiai di zucchero di canna, 1/2 cucchiaino di cannella e 1/2 scorza di limone

d) Lancia il pane e 1 1/2 tazza di mirtilli nel composto di uova e sbatti fino a quando il liquido non viene completamente assorbito. Riempite a metà gli stampini per muffin con l'impasto.

e) Unisci 1 cucchiaio di zucchero di canna e 1 cucchiaino di cannella in una ciotolina. Sopra le tazze per toast alla francese, cospargere il topping. Cuocere per 20-22 minuti, o fino a quando la parte superiore non sarà dorata e il french toast sarà cotto.

f) Nel frattempo, mettere i restanti 1 tazza di mirtilli, la scorza di limone e 1 cucchiaio di zucchero di canna in una piccola casseruola e cuocere a fuoco medio-basso per 8-10 minuti, o fino a quando il liquido non viene rilasciato.

g) Schiacciare i mirtilli con uno schiacciapatate fino a raggiungere la consistenza desiderata.

h) Usa la miscela di mirtilli come sciroppo per condire il french toast al forno.

17. Uova in salsa

Resa: 4 porzioni

ingredienti:

- 1 cucchiaio di olio d'oliva
- 1/2 cipolla gialla, tagliata a dadini
- 1 cucchiaio di concentrato di pomodoro
- 3 cucchiaini di paprika
- 3 spicchi d'aglio, tritati
- 4 fette di peperoncino arrosto, tagliato a dadini
- 1, 28 once di pomodori schiacciati a basso contenuto di sodio
- 1/8 cucchiaino di sale
- 3 tazze di spinaci freschi
- 1/4 tazza di prezzemolo fresco, tritato
- 4 uova grandi
- 2 pitas integrali, tostate

Indicazioni:

a) In una larga padella antiaderente, scaldare l'olio a fuoco medio.

b) Aggiungi le cipolle e fai sobbollire per 2 minuti, o finché non si saranno leggermente ammorbidite. Cuocere per 30 secondi dopo aver aggiunto il concentrato di pomodoro, la paprika e l'aglio.

c) Unire i peperoni, i pomodori e i condimenti. Ridurre il fuoco al minimo dopo aver portato a ebollizione.

d) Cuocere, mescolando di tanto in tanto, per 30 minuti.

e) Aggiungere gli spinaci e metà del prezzemolo e mescolare per amalgamare. Con un cucchiaio di legno, fate quattro pozzetti nel composto di pomodoro. Rompete un uovo in ciascuno dei quattro pozzetti, coprite e cuocete per 8 minuti, o fino a quando gli albumi si saranno rappresi.

f) Come tocco finale, cospargete la superficie con il prezzemolo rimasto. Servire con la pita per intingere.

18.   Uova nei nidi

Resa: 6 porzioni

ingredienti:

- 1 libbra di patate dolci, sbucciate
- 2 cucchiai di olio d'oliva
- 1/4 di cucchiaino di sale, diviso
- 1/4 cucchiaino di pepe nero, diviso
- 12 uova grandi

Indicazioni:

a) Preriscaldare il forno a 400 gradi Fahrenheit.

b) Usando uno spray da cucina, rivesti una teglia da muffin da 12 tazze.

c) Utilizzando una grattugia a cassetta, sminuzzare le patate e metterle da parte. In una padella capiente, scaldare l'olio d'oliva a fuoco medio-alto. 1/8 di cucchiaino di sale, 1/8 di cucchiaino di pepe, patate dolci a cubetti

d) Cuocere le patate fino a renderle morbide, circa 5-6 minuti. Togliere dal fuoco e mettere da parte fino a quando non sarà abbastanza fredda da poter essere maneggiata.

e) In ogni tazza da muffin, pressare 1/4 di tazza di patate cotte. Sul fondo e sui lati della tazza da muffin, premere con decisione.

f) Ricoprire le patate con spray da cucina e cuocere per 5-10 minuti, o fino a quando i lati non saranno leggermente dorati.

g) In ogni nido di patate dolci, rompi un uovo e condisci con il restante 1/8 di cucchiaino di sale e 1/8 di cucchiaino di pepe.

h) Cuocere per 15-18 minuti, o fino a quando gli albumi e i tuorli non saranno cotti alla cottura desiderata.

i) Lasciar raffreddare per 5 minuti prima di toglierla dalla teglia. Servi e divertiti!

19.   Frittata con feta e verdure

Resa: 8 porzioni

ingredienti:

- 1 cucchiaio di olio d'oliva
- 1 cipolla gialla piccola, tagliata a dadini
- 2 spicchi d'aglio, tritati
- 4 tazze di bietole, tagliate a nastri
- 8 uova grandi
- 1/4 cucchiaino di pepe nero
- 1/2 tazza di feta a ridotto contenuto di grassi, sbriciolata
- 2 cucchiai di prezzemolo fresco, tritato

Indicazioni:

a) Preriscaldare il forno a 350 gradi Fahrenheit.

b) A fuoco medio-alto, scalda una padella capiente adatta al forno. Soffriggere la cipolla per 3-4 minuti, o finché non si ammorbidisce.

c) Cuocere per altri 3-4 minuti, o fino a quando le bietole non saranno appassite.

d) Nel frattempo, sbatti insieme le uova e il pepe nero in una ciotola capiente.

e) Mescolare la miscela di verdure e cipolle con le uova in una ciotola. Unire la feta al composto di uova.

f) Riporta il composto di uova nella padella antiaderente, mescolando per evitare che la frittata si attacchi.

g) Preriscaldare il forno a 180°C e cuocere la padella per 15-18 minuti, o fino a quando le uova non si saranno rapprese.

h) Sfornare, cospargere di prezzemolo tritato e lasciar riposare per 5 minuti prima di affettare in 8 porzioni. Servi e divertiti!

20. Uova diaboliche piccanti

Resa: 6 porzioni

ingredienti:

- 6 uova grandi
- 1 avocado, tagliato a metà e senza semi
- 1/3 di tazza di yogurt greco senza grassi
- Scorza e succo di 1 limone
- 1 cucchiaio di senape di Digione
- 1/4 cucchiaino di pepe nero
- 1 cucchiaio di erba cipollina tritata

Indicazioni:

a) In una pentola capiente rompiamo le uova e le copriamo con acqua fredda.

b) Portare a bollore, quindi togliere dal fuoco. Lasciare in ammollo le uova nell'acqua della padella per 15 minuti.

c) Togliere le uova e metterle da parte a raffreddare. Sbucciare e tagliare a metà le uova per il lungo.

d) In un robot da cucina, unire 3 tuorli d'uovo. Conserva i tuorli d'uovo rimanenti per un altro scopo o scartali.

e) In un robot da cucina, unire l'avocado, lo yogurt greco, la scorza e il succo di limone, la senape di Digione e il pepe nero con i tuorli d'uovo. Frullate il tutto fino a renderlo completamente liscio.

f) Mettere gli albumi su un piatto da portata e mettere il composto di tuorli in una busta con cerniera. Spremere il composto di tuorli negli albumi tagliando uno degli angoli inferiori.

g) Cospargere l'erba cipollina tritata sulle uova alla diavola. Servi e divertiti!

21. Frittelle Di Zucca Condite

Resa: 12 porzioni

ingredienti:

- 1 1/2 tazze di latte scremato
- 1 tazza di purea di zucca in scatola
- 1 uovo
- 5 cucchiai di zucchero di canna, divisi
- 2 cucchiai di olio vegetale
- 1 cucchiaino di estratto di vaniglia
- 1 tazza di farina integrale
- 1 tazza di farina per tutti gli usi
- 2 cucchiai di lievito in polvere
- 1 1/2 cucchiaini di cannella, divisi
- 1 cucchiaino di pimento
- 1/2 cucchiaino di noce moscata
- 1/4 di cucchiaino di sale
- 3 mele, sbucciate e tagliate a dadini

Indicazioni:

a) Unire il latte, la zucca, l'uovo, 3 cucchiai di zucchero di canna, l'olio e la vaniglia in una grande bacinella.

b) Unisci la farina di frumento, la farina per tutti gli usi, il lievito in polvere, 1 cucchiaino di cannella, il pimento, la noce moscata e il sale in una bacinella separata.

c) Unire il composto di zucca agli Ingredienti secchi: fino a quando non saranno appena incorporati, facendo attenzione a non mescolare troppo.

d) In una piccola casseruola, scaldare 3 cucchiai di acqua a fuoco medio. Unire le mele a cubetti con i restanti 2 cucchiai di zucchero di canna e 1/2 cucchiaino di cannella. Scaldare per 8-12 minuti, o finché le mele non saranno morbide.

e) Togliere le mele dal fuoco e schiacciarle con uno schiacciapatate o una forchetta fino a formare una salsa di mele grossolana. Rimuovi dall'equazione.

f) Nel frattempo, ricoprite una padella o una piastra antiaderente con dello spray da cucina e fate scaldare a fuoco medio-alto.

g) Versare 1/4 di tazza di pastella per pancake per pancake su una padella o piastra preparata.

h) I pancake devono essere cotti per 2-3 minuti per lato o fino a doratura.

i) Servire con sopra il composto di mele stufate e buon appetito!

22. Frittelle di carote e patate

Resa: 6 porzioni

ingredienti:

- 2 grandi patate color ruggine, sbucciate
- 2 carote grandi, sbucciate
- 1 cipolla gialla piccola, sbucciata
- 4 albumi montati a neve
- 3 cucchiai di farina per tutti gli usi
- 1 cucchiaino di lievito in polvere
- Spray da cucina antiaderente
- 3/4 di tazza di salsa di mele non zuccherata, facoltativa

Indicazioni:

a) Utilizzando il lato grande di una grattugia, grattugiate le patate sbucciate, le carote e la cipolla.

b) Spremere l'acqua in eccesso dalle verdure grattugiate usando un tovagliolo di carta sopra il lavandino.

c) In una ciotola capiente, unire le verdure scolate.

d) Unire il composto di patate agli albumi montati a neve.

e) Mescolare la farina, il lievito e il sale con il composto di patate.

f) Spruzzare una padella antiaderente con spray da cucina e scaldare a fuoco medio.

g) Lascia cadere 1/4 di tazza di composto di patate sulla piastra, lasciando uno spazio di 1 pollice tra ogni pancake. 3 minuti in forno

h) Capovolgere e cuocere per altri 3 minuti dall'altro lato, o fino a doratura. Ripetere con il resto del composto di patate.

i) Servire.

23. Tazze di hashish per la colazione

Porzioni: 12

ingredienti:

- Spray da cucina
- 3 tazze di hash brown surgelati, scongelati
- 5 fette di pancetta di tacchino
- 1 ½ tazze di sostituto dell'uovo a basso contenuto di colesterolo
- 1 tazza di formaggio cheddar grattugiato a ridotto contenuto di grassi
- 3 cucchiai di margarina senza grassi
- ¼ tazza di cipolla tritata
- ¼ tazza di peperone nero tritato

Indicazioni

a) Preriscaldare il forno a 400 gradi Fahrenheit. Lascia che l'hash brown raggiunga la temperatura ambiente prima dell'uso. Preparare uno stampo per muffin con spray da cucina.

b) Prepara la pancetta. Lasciar raffreddare prima di servire.

c) Mescolare l'hash brown, sale e pepe insieme. 12 pirottini per muffin, divisi uniformemente

d) Cuocere per 15 minuti a 400 gradi o fino a leggera doratura. Togliere la teglia dal forno.

e) Nel frattempo, sbatti insieme le uova, il formaggio, le cipolle e il peperone.

f) Tagliare la pancetta a pezzi e metterla sopra la miscela di hash brown negli stampini per muffin.

g) Distribuire uniformemente il composto di uova nei pirottini per muffin. Preriscaldare il forno a 180°C e cuocere per 13-15 minuti. Servire.

24. Frittata di verdure al formaggio

Porzioni: 6

ingredienti:

- 6 uova grandi
- 2 cucchiai di farina integrale
- 1 cucchiaino di pepe nero
- 1 cipolla media, tagliata a pezzi da ½ pollice
- 1 tazza di spinaci freschi o surgelati, tagliati a pezzi da ½ pollice
- 1 tazza di peperone rosso e/o verde, tagliato a pezzi da ½ pollice
- 1 tazza di funghi freschi, affettati
- 1 spicchio d'aglio, tritato finemente
- 2 cucchiai di foglie di basilico fresco
- ⅓ tazza di mozzarella parzialmente scremata, grattugiata
- Spray da cucina

Indicazioni

a) Preriscaldare il forno (convenzionale o con tostapane) per grigliare.

b) In una ciotola capiente sbattere le uova fino a renderle spumose, quindi aggiungere la farina integrale, il pepe nero e il lievito.

c) Rivestire una padella pesante con un manico da forno con spray da cucina e scaldare a fuoco medio.

d) Aggiungere la cipolla e far rosolare finché non si ammorbidisce, quindi aggiungere gli spinaci, il peperone e i funghi e continuare a cuocere a fuoco lento per altri 2-3 minuti.

e) Cuocere per 1 minuto dopo aver aggiunto l'aglio e il basilico. Per evitare che le cose brucino, mescolale continuamente.

f) Versare il composto di uova nella padella e mescolare per includere le verdure.

g) Cuocere per 5-6 minuti, o fino a quando il composto di uova non si sarà addensato sul fondo e inizierà a rapprendersi sopra.

h) Aggiungere il formaggio grattugiato e spingerlo delicatamente sotto le uova con il dorso del cucchiaio in modo che non bruci in forno.

i) Preriscaldare il forno alla griglia e cuocere per 3-4 minuti, o fino a quando non saranno dorati e spumosi.

j) Togliere dalla padella e tagliare in 6 porzioni.

25.   Morsi di brownie ai fagioli neri

Resa: 16 porzioni

ingredienti:

- 3/4 tazza di fagioli neri a basso contenuto di sodio, scolati
- 1/4 tazza di salsa di mele non zuccherata
- 1/4 di tazza di olio di canola
- 2 albumi grandi
- 1 uovo grande
- 1/2 tazza di zucchero di canna confezionato
- 1 cucchiaino di estratto di vaniglia
- 1/4 tazza di cacao amaro in polvere
- 1/3 tazza di farina integrale
- 1/2 cucchiaino di lievito in polvere
- 1/2 cucchiaino di sale
- 1/2 tazza di gocce di cioccolato semidolce

Indicazioni:

a) Preriscaldare il forno a 350 gradi Fahrenheit.

b) Frullare i fagioli neri, la salsa di mele e l'olio di canola fino a ottenere un composto liscio in un frullatore. Aggiungere gli albumi, l'uovo, lo zucchero e la vaniglia in una ciotola capiente e sbattere per incorporarli.

c) Unisci il cacao in polvere, la farina, il lievito e il sale in una bacinella separata.

d) Sbattere la miscela di farina nella miscela di fagioli neri fino a ottenere una pastella liscia. I pezzi di cioccolato devono essere piegati.

e) Preriscaldare il forno a 180° e cuocere per 20-25 minuti, o fino a quando un coltello inserito al centro non esce pulito.

f) Lasciatela raffreddare completamente prima di tagliarla in 16 bocconcini e servire!

26. Patate Dolci Fiorentine

Resa: 4 porzioni

ingredienti:

- 4 patate dolci medie
- 2 confezioni da 10 once di spinaci
- 1 cucchiaio di olio d'oliva
- 1 scalogno, tritato
- 2 spicchi d'aglio, tritati
- 6 pomodori secchi, tagliati a dadini
- 1/4 di cucchiaino di sale
- 1/4 cucchiaino di pepe nero
- 1/4 cucchiaino di peperoncino in scaglie
- 1/2 tazza di ricotta parzialmente scremata

Indicazioni:

a) Preriscaldare il forno a 400 gradi Fahrenheit.

b) Disporre le patate dolci su una teglia preparata dopo averle forate con una forchetta.

c) Cuocere per 45-60 minuti, o fino a quando le patate non saranno cotte. Lasciare raffreddare.

d) Dividere le patate al centro con un coltello e sgranare la polpa delle patate con una forchetta, quindi mettere da parte.

e) In una padella capiente, scaldare l'olio a fuoco medio. Cuocere per 2-3 minuti, o fino a quando lo scalogno non si sarà ammorbidito.

f) Cuocere per altri 30 secondi, o finché l'aglio non sarà aromatico.

g) In una ciotola capiente, unire gli spinaci scolati, i pomodori, il sale, il pepe nero e le scaglie di peperoncino. Cuocere per altri 2 minuti.

h) Togliere dal fuoco e mettere da parte a raffreddare.

i) Incorporate la ricotta al composto di spinaci.

j) Servire il composto di spinaci sopra le patate dolci divise. Divertiti!

27. Muffin alle carote

Resa: 24 porzioni

ingredienti:

- 2 1/4 tazze di avena vecchio stile
- 1 tazza di farina integrale
- 1/2 tazza di semi di lino macinati
- 2 cucchiaini di cannella
- 1/2 cucchiaino di noce moscata
- 1/2 cucchiaino di bicarbonato di sodio
- 1/2 cucchiaino di sale
- 1 tazza di salsa di mele non zuccherata
- 1/2 tazza di miele o puro sciroppo d'acero
- 1 uovo grande
- 2 cucchiaini di estratto di vaniglia
- 1/4 tazza di burro non salato, fuso
- 2 carote medie, grattugiate
- 1 mela grande, grattugiata

Indicazioni:

a) Preriscaldare il forno a 350 gradi Fahrenheit.

b) Foderate due teglie con carta da forno.

c) Unire l'avena, la farina, i semi di lino, la cannella, la noce moscata, il bicarbonato di sodio e il sale in una grande terrina.

d) Unisci la salsa di mele, il miele, l'uovo e l'estratto di vaniglia in una ciotola media. Sciogliere il burro e aggiungerlo al composto.

e) Unisci i componenti bagnati e asciutti mescolandoli insieme. In una ciotola capiente, unire le carote e la mela grattugiate.

f) Versare la pastella sulla teglia preparata e appiattirla con una misura di 1/4 di tazza.

g) Cuocere per 14-15 minuti, o fino a quando non saranno leggermente dorati e rappresi. Lasciar raffreddare prima di servire.

28. Crostate di noci pecan in miniatura

Resa: 15 porzioni

ingredienti:

- 1 cucchiaio di burro, sciolto
- 1 uovo grande
- 4 cucchiaini di zucchero di canna
- 2 cucchiai di miele
- 1/4 cucchiaino di estratto di vaniglia
- 1/2 tazza di noci pecan, tritate
- 15 mini gusci di phyllo

Indicazioni:

a) Preriscaldare il forno a 350 gradi Fahrenheit.

b) In una ciotola media, aggiungi tutti gli ingredienti, tranne le noci pecan e i gusci di pasta fillo, e mescola accuratamente. Aggiungere le noci pecan tritate e mescolare bene.

c) Disporre i piccoli gusci di torta su una teglia in uno strato uniforme. Riempite ogni guscio a metà con il composto di noci pecan. Se rimane del composto, distribuirlo uniformemente su tutti i gusci.

d) Cuocere per 10-15 minuti. Lasciar raffreddare prima di servire.

29. Torta di capelli al cacao

Porzioni: 12

ingredienti:

- ¾ tazza di farina, setacciata
- ¼ tazza di cacao
- ¼ tazza di zucchero
- 10 albumi
- 1 cucchiaino di cremor tartaro
- 1 tazza di zucchero

Indicazioni

a) Preriscaldare il forno a 350 gradi Fahrenheit.

b) Setacciare insieme la farina, il cacao e 14 tazze di zucchero.

c) Sbattere gli albumi in una ciotola a parte fino a renderli spumosi. Montate il cremor tartaro fino a quando non sarà ben compatto ma non asciutto. 1 cucchiaio alla volta, incorporare la tazza di zucchero.

d) Unire l'estratto di vaniglia. Unire una piccola quantità di composto di farina setacciato sopra la pastella. Ripetere fino a quando non sarà stata utilizzata tutta la miscela di farina.

e) Versare l'impasto in una teglia da 9 pollici che non è stata unta e cuocere per 45 minuti.

f) Per raffreddare, capovolgere la teglia e appendere la torta capovolta per circa 12 ore dopo averla tolta dal forno.

30. Cheesecake alla ricotta

Porzioni: 8

ingredienti per crostata

- ¼ tazza di margarina dura
- 1 tazza di briciole di cracker Graham a basso contenuto di grassi
- 2 cucchiai di zucchero bianco
- ¼ cucchiaio di cannella

Ingredienti per la torta

- 2 tazze di ricotta a basso contenuto di grassi, passata
- 2 uova
- 3 cucchiai di farina per tutti gli usi
- 1 cucchiaino di estratto di vaniglia
- ⅔ tazza di zucchero bianco OPPURE ⅓ tazza di miscela di zucchero

Indicazioni

a) Preriscaldare il forno a 325 gradi Fahrenheit.

b) Sciogliere il burro. Unisci le briciole di cracker Graham, lo zucchero e la cannella in una ciotola. Riempire a metà uno stampo a cerniera da 10 pollici con la pastella.

c) Frullare la ricotta in un robot da cucina.

d) Unire il latte, le uova, la farina, la vaniglia e lo zucchero fino ad ottenere un composto ben amalgamato. Versare il composto nella pasta frolla.

e) Cuocere per 60 minuti in forno. Lasciar raffreddare completamente prima di servire.

31. Uova Ripiene Microgreen

PORZIONI 9

ingredienti

- 9 uova
- 1/4 tazza di maionese
- 2 cucchiai di tofu morbido
- pizzico di sale
- 2 cucchiai di microgreen di ravanello tritati
- 3 cucchiaini di senape preparata
- 2 ravanelli freschi affettati facoltativi

Indicazioni

- Far bollire le uova fino a quando non sono appena cotte - 9-11 minuti
- Sbucciare le uova e tagliarle a metà con cura.
- Eliminate i centri gialli e metteteli in una ciotolina. Aggiungere il resto degli ingredienti (meno i ravanelli affettati) e mescolare bene.
- Versare nuovamente il ripieno nelle uova e guarnire con una fetta di ravanello fresco e qualche rametto di microgreens.

32. Frittelle di germogli di piselli

ingredienti

- 3 grandi uova biologiche
- 1 tazza di ricotta
- 2 cucchiai di olio extravergine di oliva
- 1/2 tazza di farina di ceci (ceci).
- 1 spicchio d'aglio, tritato
- 2 cucchiaini di scorza di limone
- 1/2 cucchiaino di sale
- 1 tazza di germogli di piselli tritati
- 3 cucchiai di erba cipollina tritata

Indicazioni

a) In un robot da cucina o in un frullatore, frullare insieme le uova, la ricotta, l'olio, la farina, l'aglio, la scorza di limone e il sale. Frullate i germogli di pisello e l'erba cipollina.

b) Scaldare una padella leggermente unta a fuoco medio.

c) Lavorando in lotti, aggiungi la pastella 1/4 di tazza alla volta per padella e cuoci i pancake fino a quando non si formano delle bolle in cima, circa 2 o 3 minuti.

d) Capovolgere e cuocere fino a quando i pancake non saranno dorati sul fondo e i centri sono appena cotti, circa 1 minuto in più.

e) Lascia raffreddare i pancake su una griglia di metallo mentre prepari la pastella rimanente.

33. Frittata di albume e microgreens

ingredienti

- 2 albumi d'uovo
- Pizzicare sale e pepe
- 2 cucchiaini di latte
- Spray da cucina

Indicazioni

a) Sbattere insieme due albumi e 2 cucchiaini di latte.

b) Versare il composto in una padella con un leggero strato di spray da cucina e farli cuocere a fuoco medio-basso.

c) Aggiungere un po' di sale e pepe all'uovo durante la cottura, girare l'uovo quando il fondo sembra cotto.

d) Una volta che l'altro lato è pronto, trasferirlo su un piatto riempirlo con avocado affettato, formaggio di capra sbriciolato e alcuni microgreen freschi e piegarlo a metà.

34.   Pinon (frittata di manzo e piantaggine)

Resa: 4 porzioni

Ingrediente

- 3 Banane molto mature
- Olio per friggere
- 1 cipolla; tritato
- ½ peperone verde; tritato
- 2 spicchi d'aglio
- ½ libbra di carne macinata (di solito ometto)
- ¼ tazza di salsa di pomodoro
- 1 cucchiaio di capperi
- 1 cucchiaio di olive verdi affettate (facoltative)
- Sale e pepe
- ½ libbra di fagiolini; fresco o congelato, tagliato a pezzi da 3 pollici
- 6 uova
- ¼ tazza di burro

Indicazioni

a) Sbucciare i platani, tagliarli a fette lunghe 2 pollici di spessore e friggere in olio fino a doratura. Scolare, scolare e tenere in caldo. In una padella soffriggere la cipolla, il peperone verde e l'aglio finché non saranno morbidi ma non dorati.

b) Aggiungere la carne macinata e far rosolare a fuoco vivo per 3 minuti. Versare la salsa di pomodoro e aggiungere i capperi e le olive, se lo si desidera. Cuocere per 15 minuti a fuoco medio, mescolando di tanto in tanto. Condite con sale e pepe a piacere. Lavate i fagiolini e cuoceteli a vapore finché non saranno teneri. Sbattere le uova, aggiungendo sale e pepe a piacere.

c) Imburrate i lati e il fondo di una casseruola rotonda e fate sciogliere sul fondo il burro rimasto. Versare metà delle uova sbattute e cuocere a fuoco medio per circa 1 minuto o fino a quando non si saranno leggermente rapprese. Coprire le uova con un terzo delle fette di platano, seguire con strati di metà della carne macinata e metà dei fagiolini. Aggiungi un altro strato di platani, il resto della carne macinata, un altro strato di fagioli e guarnisci con i platani. Versare sopra il resto delle uova sbattute. Cuocere a fuoco basso per 15 minuti, senza coperchio, facendo attenzione a non far bruciare la frittata.

d) Quindi mettere in forno preriscaldato a 350 gradi per 10-15 minuti per dorare la parte superiore.

e) Servire con riso e fagioli. Ottimo a pranzo.

35. Panini di farina di riso portoricani

Resa: 24 panini

Ingrediente

- 2 tazze di latte
- 2 once di burro
- ¾ cucchiaino di sale
- 2 tazze Farina di riso molto fine
- 2 cucchiaini di lievito in polvere
- 3 uova
- ½ libbra di formaggio bianco dolce
- Lardo o olio vegetale per friggere

Indicazioni

a) In una casseruola, portare a bollore, Ingredienti in "A" e togliere dal fuoco.

b) Unire la farina di riso e il lievito e mescolare con il contenuto in una casseruola. Unite le uova UNA ALLA VOLTA e mescolate.

c) Cuocere a fuoco moderato, mescolando continuamente con un cucchiaio di legno, fino a quando il composto non si sarà separato dai lati e dal fondo della casseruola.

d) Togliere dal fuoco. Schiacciare il formaggio con una forchetta e aggiungere. Mescolare accuratamente.

e) Far cadere la miscela a cucchiaio nel grasso, riscaldata a 375F, fino a doratura. Scolatele e fatele scolare su carta assorbente.

36.   Flan de queso di Porto Rico

Resa: 4 porzioni

Ingrediente

- 4 uova grandi
- 1 lattina (14 once) di latte condensato; Zuccherato
- 1 lattina (12 once) di latte evaporato
- 6 once di crema di formaggio
- 1 cucchiaino di estratto di vaniglia

Indicazioni

a) Mescolare insieme uova, latte e vaniglia.

b) Ammorbidire la crema di formaggio e unirla agli altri ingredienti. Fare attenzione a non mescolare eccessivamente la crema di formaggio o si formeranno sacche d'aria nel flan.

c) Preparare un caramello cuocendo $\frac{1}{2}$ tazza di zucchero a fuoco basso fino a quando lo zucchero non si liquefa. Usa un contenitore di metallo per farlo.

d) Versare nella padella/stampino quanto basta per coprire il fondo.

e) Una volta che lo zucchero è duro, versate la pastella che avete preparato nelle Direzioni 1 e 2 nella teglia/stampino.

f) mettere la padella/stampino a bagnomaria. La padella/tegame in cui si trovano gli ingredienti deve essere immersa per $\frac{3}{4}$ in acqua.

g) Cuocere a 325 gradi Fahrenheit per circa $\frac{1}{2}$ ora. Il flan è pronto quando un coltello/stuzzicadenti inserito al suo interno esce pulito.

37. Polpettone di Porto Rico

Resa: 1 porzione

Ingrediente

- 1 libbra di carne macinata
- 1 uovo
- 1 piccola cipolla tritata
- Sale speziato all'aglio
- Prezzemolo
- ½ tazza di briciole di pane
- ½ tazza di latte
- 1 cucchiaio di senape
- 2 cubetti di brodo di manzo
- 1 cucchiaio di salsa Worcestershire
- 5 Carote ma per il lungo
- 1 lattina Succo di pomodoro
- 2 patate medie

Indicazioni

a) Amalgamare bene la carne macinata, l'uovo, la cipolla, il sale all'aglio, i prezzemolo, il pangrattato, il latte e la senape.

b) Passare nella farina condita con paprika, sale e pepe. Rosolare in una padella elettrica, facendo dorare su tutti i lati. Aggiungere i cubetti di brodo, la salsa Worcestershire, le carote, il succo di pomodoro e le patate.

c) Cuocere il tutto coperto di carne per circa 1 ora e 15 minuti, o fino a quando non sarà ben cotto.

38. Avocado ripieno di pesce affumicato

Resa: 4 Porzioni

Ingrediente

- 4 Uova sode
- $\frac{1}{4}$ tazza di latte
- $\frac{1}{4}$ tazza di succo di lime fresco filtrato
- $\frac{1}{4}$ cucchiaino di zucchero
- $\frac{1}{2}$ cucchiaino di sale
- $\frac{1}{3}$ tazza di olio vegetale
- 2 cucchiai di olio d'oliva
- $\frac{1}{2}$ libbra di pesce bianco affumicato
- 2 grandi avocado maturi
- 12 strisce di peperone rosso fresco

Indicazioni

a) In una ciotola profonda, schiacciare i tuorli e il latte insieme con un cucchiaio o una forchetta da tavola fino a formare una pasta liscia. Aggiungere 1 cucchiaio di succo di lime, lo zucchero e il sale.

b) Quindi sbattere l'olio vegetale, un cucchiaino o giù di lì alla volta; assicurati che ogni aggiunta venga assorbita prima di aggiungerne dell'altra. Aggiungere l'olio d'oliva a cucchiaiate, sempre sbattendo. Mescolare il succo di lime rimanente nella salsa e assaggiare per condire.

c) Mettere il pesce in una ciotola e sfaldarlo finemente con una forchetta. Aggiungere gli albumi e la salsa tritati e mescolare delicatamente ma accuratamente.

d) Versare il composto di pesce nelle metà dell'avocado

39. Uova al forno con salmone affumicato

Resa: 2 Porzioni

Ingrediente

- 2 cucchiai di burro
- 3 cucchiai Pangrattato morbido
- 2 uova
- 1 spicchio d'aglio; tritato
- 2 once di crema di formaggio
- 2 once di salmone affumicato; affettato
- 2 once di formaggio cheddar piccante; grattugiato
- 1 pomodoro; tagliato a fette spesse

Indicazioni

a) Casseruola al burro. Premere da 2 a 3 cucchiaini di pangrattato sul fondo e sui lati di ciascuno. Frullare le briciole rimanenti con 1 cucchiaio di burro, mettere da parte. Rompete un uovo in ogni piatto. Schiacciare l'aglio con la crema di formaggio e adagiarlo delicatamente sulle uova. Aggiungere il salmone affumicato, piegando le strisce lunghe secondo necessità.

b) Cospargere il cheddar grattugiato sul salmone. Metti 1 fetta di pomodoro grasso su ogni piatto. Sbriciolare metà del pangrattato su ogni piatto e cuocere in forno 350 per 8-15 minuti, quindi cuocere alla griglia per 2-3 minuti, fino a quando le parti superiori non saranno dorate e leggermente croccanti. Servire subito.

40.   Uovo in camicia e salmone affumicato

Resa: 4 Porzioni

Ingrediente

- $\frac{1}{2}$ tazza di panna acida
- 3 cucchiai di erba cipollina tagliata
- 2 cucchiai di vino bianco
- sale; assaggiare
- Pepe nero appena macinato; assaggiare
- 4 uova grandi
- 4 patate grandi appena sfornate
- 4 once di salmone affumicato; julienne
- 1 erba cipollina tagliata
- 1 caviale di cipolla rossa tagliato finemente

Indicazioni

a) In una ciotolina unire panna acida, erba cipollina e vino bianco; Aggiustare di sale e pepe. Mettere da parte. In una casseruola o padella poco profonda portare a ebollizione 2 pollici di acqua fredda e aceto a fuoco medio.

b) Ridurre il fuoco fino a quando l'acqua bolle dolcemente. Rompete le uova, una alla volta, in uno stampino o in una tazza da caffè. Tenendo il ramekin il più vicino possibile all'acqua, fai scivolare delicatamente l'uovo nell'acqua. Cuocere le uova in camicia 3 minuti per una cottura molto morbida, 5 minuti per una cottura medio-morbida.

c) Utilizzando un mestolo forato, estraete le uova. Se necessario, tampona delicatamente con carta assorbente. Tagliate a fettine le patate al forno e strizzatele. Coprire con le uova e incrociare le strisce di salmone. Usando una bottiglia da spremere o un cucchiaino, spruzzare la salsa di panna acida sul salmone e intorno alle patate.

d) Guarnire in modo decorativo con erba cipollina, cipolla e caviale e servire subito.

41. Tuorli d'uovo conservati

ingredienti

- 1½ tazza di zucchero
- 1½ tazza di sale kosher
- 8 uova

Indicazioni

a) Unisci 1 tazza di zucchero e 1 tazza di sale sul fondo di una padella quadrata da 8 pollici o un contenitore abbastanza grande da contenere otto tuorli senza toccarli.

b) Usa il dorso di un cucchiaio da minestra per formare otto rientranze uniformemente distanziate nella cura di sale e zucchero. Non scavare troppo in profondità; vuoi che ogni parte del fondo del tuorlo tocchi zucchero e sale.

c) In un piatto a parte, separare un uovo. Trasferisci con cura il tuorlo d'uovo in una delle rientranze e conserva l'albume per un altro uso. Segui l'esempio con il resto delle uova, una alla volta. Va bene se rompi accidentalmente un tuorlo, ma è meglio mantenerlo intatto.

d) Versare delicatamente la restante ½ tazza di zucchero e ½ tazza di sale sopra i tuorli per formare dei mucchietti. Assicurati che i tuorli siano completamente coperti.

e) Coprire il piatto o il contenitore con un coperchio ermetico o un involucro di plastica. Trasferitela con cautela in frigorifero e lasciate insaporire i tuorli per 4 giorni.

f) Metti una griglia su una teglia. Adagiate i tuorli sulla griglia, quindi infornate la teglia. Lasciateli asciugare e terminate la stagionatura per 35 minuti. I tuoi tuorli sono ora pronti per essere utilizzati.

42.   **Uova in salamoia**

ingredienti

- 6 uova
- ¾ tazza di sale kosher
- 3 tazze d'acqua

Indicazioni

a) Metti un contenitore da 3 quarti (o più grande) con un coperchio su una superficie stabile in un luogo fresco e fuori mano, lontano dalla luce solare diretta. Metti con cura le uova intere all'interno del contenitore, facendo attenzione a non romperle mentre procedi.

b) Unisci il sale e l'acqua in una brocca e mescola fino a ottenere una salamoia torbida. Versare delicatamente la salamoia sulle uova fino a coprirle completamente.

c) Lasciare riposare le uova nella salamoia per almeno 5 settimane. Dopo 12 settimane, saranno troppo salati per essere gustati. Non ci sarà alcun cambiamento visivo nelle uova.

d) Per cuocere le uova, metti una piccola casseruola sul fuoco. Togliere delicatamente le uova dalla salamoia e metterle con cura sul fondo della pentola

e) Versare una brocca di acqua fresca sulle uova fino a coprirle completamente. Coprite la pentola e cuocete a fuoco alto fino a quando l'acqua bolle rapidamente. Spegnere il fuoco, tenere la pentola coperta e impostare un timer per 6 minuti.

f) Trascorso il tempo, scolate subito le uova e passatele sotto l'acqua fredda fino a quando non saranno abbastanza fredde da poterle maneggiare. Utilizzare immediatamente o conservare in frigorifero per un massimo di 1 settimana.

g) Per servire, arrotolare delicatamente un uovo per rompere il guscio dappertutto. Sbucciare l'uovo. L'albume sarà fissato ma morbido e il tuorlo sarà molto sodo e brillante. Mangiate le uova intere, dividetele a metà per il lungo o tritatele.

43. Uova di salsa di soia affumicate

Ingrediente

- 6 uova

- 1 ½ tazza di acqua

- 1 tazza di salsa di soia

- 2 cucchiai di aceto di riso

- 2 cucchiai di zucchero

- 4 cucchiaini di tè lapsang souchong, in una bustina di tè o una pallina da tè per una facile rimozione

Indicazioni

1. Metti con cura le uova in un unico strato in una casseruola media e copri con 2 pollici di acqua. Coprite la pentola e cuocete a fuoco alto fino a quando l'acqua bolle rapidamente. Spegnere il fuoco, tenere la pentola coperta e impostare un timer per 6 minuti. Trascorso il tempo, scolate subito le uova e passatele sotto l'acqua fredda fino a quando non saranno abbastanza fredde da poterle maneggiare.

2. Riporta la casseruola sul fuoco e aggiungi l'acqua, la salsa di soia, l'aceto, lo zucchero e il tè. Portare a ebollizione questa salamoia, mescolando per far sciogliere lo zucchero. Spegnere il fuoco e coprire la salamoia per tenerla al caldo.

3. Nel frattempo, rompere i gusci d'uovo per ottenere un uovo dall'aspetto marmorizzato o sbucciarli completamente per un aspetto liscio e un sapore più salsa di soia. Per rompere un guscio d'uovo, picchietta delicatamente la parte superiore e inferiore contro il piano di lavoro, quindi arrotolalo lungo i lati. Se stai sbucciando le uova completamente, per ottenere i migliori risultati, inizia a sbucciare le uova dalla parte superiore grande e rotonda, dove noterai una piccola tasca di spazio sotto il guscio.

4. Metti le uova screpolate o sbucciate in un barattolo da 1 $\frac{1}{2}$ quarto di gallone. Scartare il tè e versare la salamoia sulle uova per immergerle completamente. Se le uova galleggiano, appesantisci con un piccolo sacchetto a chiusura lampo pieno d'acqua.

5. Coprire le uova e conservare in frigorifero per almeno 6 ore in modo che prendano il sapore della salamoia.

44. Uova al curry

Ingrediente

- 6 uova
- 2 cucchiai di semi di cumino
- 2 cucchiaini di coriandolo macinato
- 1 ½ tazza di acqua
- 1 tazza di aceto di mele
- 3 spicchi d'aglio, schiacciati e sbucciati
- 3 fette sottili di zenzero fresco
- 2 cucchiaini di curcuma macinata
- 2 cucchiaini di pepe nero in grani
- 2 cucchiaini di sale kosher

Indicazioni

a) Metti con cura le uova in un unico strato in una casseruola media e copri con 2 pollici di acqua. Coprite la pentola e cuocete a fuoco alto fino a quando l'acqua bolle rapidamente. Spegnere il fuoco, tenere la pentola coperta e impostare un timer per 6 minuti.

b) Aggiungere il cumino e il coriandolo e tostare a fuoco medio, mescolando spesso, finché non diventano fragranti, circa 2 minuti e mezzo. Aggiungere immediatamente 1 $\frac{1}{2}$ tazza di acqua per fermare la cottura, quindi aggiungere l'aceto, l'aglio, lo zenzero, la curcuma, i grani di pepe e il sale. Alzare la fiamma al massimo e far bollire la salamoia.

c) Nel frattempo, rompi un guscio d'uovo battendo delicatamente la parte superiore e inferiore contro il piano di lavoro, quindi arrotolalo lungo i lati.

d) Metti le uova sbucciate in un barattolo da 1 $\frac{1}{2}$ litro. Versare la salamoia (compresi i suoi solidi) sulle uova per immergerle nella salamoia.

e) Coprire le uova e conservare in frigorifero per almeno 4 giorni in modo che prendano il sapore della salamoia.

45. Uova in salamoia di barbabietola

Ingrediente

- 6 uova

- 1 barbabietola rossa molto piccola, sbucciata e tagliata a quarti

- 1 spicchio d'aglio, schiacciato e sbucciato

- 2 cucchiaini di zucchero

- 2 cucchiaini di sale kosher

- 1 cucchiaino di pepe nero in grani

- ½ cucchiaino di semi di sedano

- ½ cucchiaino di semi di aneto

- ¼ cucchiaino di peperoncino in scaglie (facoltativo)

- 2 chiodi di garofano interi

- 1 piccola foglia di alloro

- 1 ½ tazza di acqua

- ¾ tazza di aceto di mele

Indicazioni

a) Metti con cura le uova in un unico strato in una casseruola media e copri con 2 pollici di acqua. Coprite la pentola e cuocete a fuoco alto fino a quando l'acqua bolle rapidamente. Spegnere il fuoco, tenere la pentola coperta e impostare un timer per 6 minuti.

b) Unisci la barbabietola, l'aglio, lo zucchero, il sale, i grani di pepe, i semi di sedano, i semi di aneto, i fiocchi di pepe, i chiodi di garofano, l'alloro, l'acqua e l'aceto nella casseruola a fuoco alto. Portare a ebollizione questa salamoia, mescolando per far sciogliere lo zucchero e il sale.

c) Nel frattempo, rompere un guscio d'uovo battendo delicatamente la parte superiore e inferiore contro il piano di lavoro, quindi arrotolandolo lungo i lati.

d) Metti le uova sbucciate in un barattolo da $1 \frac{1}{2}$ litro. Versare la salamoia tiepida sulle uova

46. Muffin di mais con tacchino affumicato

Resa: 36 Porzioni

Ingrediente

- 1½ tazza di farina di mais gialla
- 1 tazza di farina, setacciata per tutti gli usi
- ⅓ tazza di zucchero
- 1 cucchiaio di lievito in polvere
- 1 cucchiaino di sale
- 1½ tazza di latte
- ¾ tazza di burro, sciolto, raffreddato
- 2 Uova, leggermente sbattute
- ½ libbra Petto di tacchino affumicato, affettato sottilmente
- ½ tazza di salsa di mirtilli o senape al miele

Indicazioni

a) Preriscaldare il forno a 400 gradi. Mini muffin al burro. Unire la farina di mais, la farina, lo zucchero, il lievito e il sale in una ciotola capiente. Mescolare il latte, il burro e le uova insieme in una ciotola media. Mescolare la miscela di latte nella miscela di farina di mais fino a quando non è appena inumidita. Versare l'impasto negli stampini per muffin.

b) Cuocere fino a doratura, 14-16 minuti. Lasciar raffreddare su una griglia per cinque minuti. Togliere dagli stampini e lasciar raffreddare completamente.

47. Salmone affumicato con frittelle di patate

Resa: 2 Porzioni

Ingrediente

- 150 grammi Purè di patate
- 15 ml Farina bianca
- 30 ml Latte
- 2 Uova, sbattute
- Sale e pepe nero appena macinato
- 1 insalata di cipolle; tritato
- 100 grammi di guarnizioni di salmone affumicato
- 1 Cucchiaio di olio d'oliva
- 225 grammi Filetto di salmone leggermente affumicato
- 2 Uova, in camicia

Indicazioni

a) Mescolare la patata, la farina, il latte, le uova e il condimento per ottenere una pastella liscia.

b) Unite la cipolla e il salmone.

c) Scaldare una padella antiaderente, aggiungere un po' d'olio e versarvi un cucchiaio abbondante del composto. La miscela dovrebbe formare circa 6-8 frittelle, ciascuna di 8 cm di diametro.

d) Cuocere ogni lato per 1-2 minuti a fuoco medio o fino a doratura. Mettere da parte e tenere in caldo.

e) Scaldare l'olio d'oliva in una padella, aggiungere le fette di filetto di salmone leggermente affumicato e cuocere per 1 minuto per lato.

48. Salmone affumicato al forno e feta

Resa: 2 Porzioni

Ingrediente

- 3 once Salmone affumicato, tagliato a dadini
- 6 once di formaggio cremoso, ammorbidito
- 3 once di formaggio Feta
- 1 uovo, leggermente sbattuto
- 1 cucchiaino di capperi
- 2 cucchiai Prezzemolo tritato finemente
- 4 scalogni, conditi, tagliati a dadini
- 1 cucchiaio di semi di papavero

Indicazioni

a) Avrai anche bisogno di 1 teglia congelata, tagliata in un rettangolo di 7,6 x 20,3 cm e del burro fuso. Preriscaldare il forno a 375 gradi. In una ciotola media, mescolare a mano il salmone, la crema di formaggio, la feta, l'uovo, i capperi, il prezzemolo e lo scalogno. Stendete la sfoglia per raddoppiarne le dimensioni.

b) Spennellatela generosamente con burro fuso. Spalmate il composto di salmone sulla sfoglia. Arrotolare, in stile gelatina, piegando le estremità per sigillare. Spennellare la parte superiore del rotolo con burro fuso e cospargere di semi di papavero. Fai dei tagli diagonali profondi $\frac{1}{2}$ pollice sul rotolo per consentire al vapore di fuoriuscire. Cuocere il rotolo per 20-30 minuti o fino a doratura. Servire caldo.

49. Cheesecake al salmone affumicato

Resa: 1 porzione

Ingrediente

- 12 once di formaggio cremoso, ammorbidito
- ½ libbra di salmone affumicato o lox
- 3 uova
- ½ scalogno, tritato
- 2 cucchiai di panna
- 1½ cucchiaino di succo di limone
- pizzico di sale
- pizzico di pepe bianco
- 2 cucchiai di zucchero semolato
- ½ tazza di yogurt bianco
- ¼ tazza di panna acida
- 1 cucchiaio di succo di limone
- ¼ tazza di erba cipollina tritata
- Peperoni rossi e gialli tagliati a dadini

Indicazioni

a) Nella ciotola del mixer, montate il formaggio fino a renderlo molto morbido. Nel robot da cucina, frullare il salmone per incollarlo; aggiungere le uova una alla volta e lo scalogno.

b) Mettere il composto di salmone in una ciotola; unire la panna, il succo di limone, il sale, il pepe e lo zucchero; amalgamare bene. Incorporate alla crema di formaggio.

c) Versare in uno stampo a cerniera da 7 o 8 pollici imburrato. Mettere la teglia riempita in una teglia più grande; circondare la padella più piccola con 1 pollice di acqua calda. Cuocere da 25 a 30 minuti.

d) Nel frattempo preparate la salsa.

50. Focaccine al cheddar

Resa: 8 Porzioni

Ingrediente

- 4 tazze di miscela di biscotti
- $1\frac{1}{4}$ tazza di latte
- 2 uova
- $\frac{1}{4}$ tazza di burro; fuso
- $2\frac{1}{2}$ tazza di formaggio Cheddar finemente tritato
- Tacchino affumicato; affettato finemente

Indicazioni

a) Unire la miscela di biscotti, il latte, le uova, il burro e il formaggio; mescolare bene fino a quando gli ingredienti non sono inumiditi.

b) Versare a cucchiaiate da tavola su una teglia leggermente unta. Riscaldare il forno a 400 øF; cuocere per 12-14 minuti o fino a doratura. Sfornare e far raffreddare leggermente prima di togliere dalla teglia.

c) Per servire, tagliate a metà gli scones e farciteli con una fettina di tacchino.

51. Frittelle di patate all'erba cipollina

Resa: 6 Porzioni

Ingrediente

- 2 libbre di patate rosse; sbucciato e tagliato a cubetti
- 1 cipolla media; tagliare a tocchetti
- 2 cucchiai Matzo Pasto; o farina per tutti gli usi
- 2 uova; separato
- 4 cucchiai di erba cipollina fresca; tritato
- 2 cucchiaini di sale
- ½ cucchiaino di pepe bianco
- ⅔ tazza di olio di mais; per friggere
- 6 once di salmone affumicato; affettato finemente
- 3 once di caviale dorato

Indicazioni

a) Tritare le patate e la cipolla in un robot da cucina. Trasferisci il contenuto della ciotola da lavoro in una ciotola capiente.

b) Metti un colino grande su una ciotola media. Mettere il composto di patate e cipolle nel colino e premere bene per estrarre i liquidi; liquidi di riserva.

c) Riporta il composto di patate in una ciotola capiente. Unire la farina di matzo, i tuorli d'uovo, 2 cucchiai di erba cipollina, sale e pepe. Aggiungere la pasta alla pastella di patate. Montare gli albumi a neve ferma ma non asciutta; piegare nella pastella.

d) Scalda ⅓ tazza di olio in ciascuna delle 2 padelle grandi e pesanti a fuoco medio-alto. Far cadere 1 cucchiaio colmo di pastella di patate per pancake nell'olio caldo; spalmare ciascuno a 3 pollici di diametro. Cuocere i pancake fino a quando il fondo non sarà marrone

52. Budino di mais e tacchino affumicato

Resa: 4 Porzioni

Ingrediente

- 2 cucchiai di burro
- ½ tazza di cipolle affettate finemente
- 1 tazza di peperoni rossi affettati finemente
- 1 cucchiaio di amido di mais sciolto nel brodo di pollo
- 1 tazza di crema leggera
- 4 Uova, separate
- 1 cucchiaino di senape di Digione
- 2 tazze di chicchi di mais congelati scongelati
- 1 tazza di tacchino affumicato grattugiato
- Sale e pepe nero appena macinato

Indicazioni

1. Scaldare il burro in una padella da 9 pollici. Cuocere le cipolle e i peperoni fino a quando saranno morbidi e leggermente marroni.

2. Quando saranno freddi trasferiteli in una terrina e aggiungete l'amido di mais, la panna, i tuorli d'uovo e la senape. Sbattere bene per amalgamare.

3. Piegare il mais e il tacchino nel composto di uova. Condire con sale e pepe. Montare gli albumi a neve ben ferma ma non asciutti e incorporarli al composto di tuorli.

4. Trasferire nella teglia imburrata e cuocere per 35-40 minuti o fino a doratura e gonfia.

5. Servire con un contorno di pomodori maturi affettati e vinaigrette.

53. Crostata cremosa di salmone affumicato e aneto

Resa: 6 Porzioni

Ingrediente

- 5 fogli fillo - scongelato
- 3 cucchiai Burro non salato - sciolto
- 4 tuorli d'uovo grandi
- 1 cucchiaio di senape di Digione - PIÙ 1 cucchiaino
- 3 uova grandi
- 1 tazza Metà e metà
- 1 tazza di panna da montare
- 6 once Salmone affumicato - tritato
- 4 cipolle verdi - tritate
- ¼ tazza di aneto

Indicazioni

1. Imburrare generosamente una tortiera da 9 pollici e mezzo di diametro. Metti 1 foglio di pasta fillo sul piano di lavoro. Spennellare il foglio di pasta fillo con il burro e piegarlo a metà nel senso della lunghezza.

2. Spennellare la superficie piegata con il burro. Tagliare a metà trasversalmente. Metti 1 rettangolo di pasta fillo, con il lato imburrato rivolto verso il basso, nel piatto da torta preparato. Spennellare la parte superiore della pasta fillo nella tortiera con il burro. Metti il secondo rettangolo di pasta fillo nella tortiera, coprendo il fondo e lasciando che la pasta sporga un'altra sezione del bordo di $\frac{1}{2}$ pollice; spennellare con il burro.

3. Preriscaldare il forno a 350F. Sbattere i tuorli e la senape in una ciotola media per amalgamare. Sbattere le uova, metà e metà, la panna, il salmone, le cipolle e l'aneto tritato. Aggiustare di sale e pepe. Versare nella crosta preparata.

4. Cuocere fino a quando il centro non sarà ben rappreso, circa 50 minuti. Trasferire su rack. Freddo.

5. Guarnire con rametti di aneto e servire leggermente tiepido oa temperatura ambiente

54. Latkes con salmone affumicato

Resa: 1 porzione

Ingrediente

- 2 libbre di patate, sbucciate
- 1 uovo
- 2 cucchiai Farina
- ½ cucchiaino di sale
- Pepe macinato a piacere
- 2 once Salmone affumicato, tritato
- 1 tazza di cipolla verde, tritata
- 3 cucchiai di olio vegetale
- Salmone Affumicato Latkes

Indicazioni

1. Grattugiare le patate e, usando le mani, spremere quanto più succo possibile.

2. Mettere le patate in una ciotola capiente, aggiungere la farina sale e pepe; mescolare bene.

3. Aggiungere il salmone affumicato e le cipolle verdi, mescolare per unire

4. Versare 1 cucchiaio. olio in una grande teglia da forno con i lati poco profondi; spalmare l'olio sul fondo.

5. Versare un cucchiaio abbondante di composto di patate a $\frac{1}{2}$ pollice di distanza in una teglia unta, appiattire leggermente.

6. Cuocere in forno per circa 8 minuti o fino a quando i latkes saranno ben dorati.

55. Frittelle di avena e cannella

ingredienti

- 1½ tazza di fiocchi d'avena vecchio stile
- ½ tazza di farina integrale
- 1 cucchiaino di cannella in polvere
- 1 cucchiaino di lievito in polvere
- 2 tazze di latticello magro
- 2 cucchiai di sciroppo d'acero
- 1 uovo
- Spray da cucina

Indicazioni

1. In una ciotola media, unire l'avena, la farina, la cannella e il lievito.

2. In una ciotola capiente, sbatti insieme il latticello, lo sciroppo d'acero e l'uovo.

3. Aggiungere la miscela secca a quella umida in 2 o 3 aggiunte, mescolando bene dopo ogni aggiunta. Lasciare riposare per 10-15 minuti, fino a quando il composto non diventa spumeggiante.

4. Spruzzare una padella antiaderente con spray da cucina e scaldarla a fuoco medio. Versare la pastella nella padella, circa $\frac{1}{4}$ di tazza per ogni pancake, e cuocere per 2 o 3 minuti, finché non compaiono delle bolle sulla superficie. Capovolgi e continua a cuocere per altri 1 o 2 minuti, fino a quando ogni pancake non sarà dorato sul secondo lato.

56. Frittata di bietole e quinoa svizzera

SERVE 6

Ingrediente

- Spray da cucina
- ⅓ tazza di pangrattato non condito
- 1 cucchiaio di olio d'oliva
- 1 cipolla media, tagliata a dadini
- 2 spicchi d'aglio, tritati
- Foglie di bietola da 1 libbra, stelo centrale duro rimosso e foglie affettate sottilmente
- 1 cucchiaio di timo fresco tritato
- ¼ cucchiaino di peperoncino in scaglie
- 1 tazza di quinoa, cotta
- 1 tazza di ricotta parzialmente scremata
- ¼ cucchiaino di pepe macinato fresco
- 2 uova, leggermente sbattute

Indicazioni

1. Preriscaldare il forno a 350°F.

2. Spruzzare una teglia da 8 x 8 pollici con spray da cucina e ricoprirla con il pangrattato.

3. Scaldare l'olio in una padella capiente a fuoco medio-alto. Aggiungere la cipolla e l'aglio e cuocere, mescolando spesso, finché non si ammorbidiscono, circa 5 minuti.

4. Aggiungere le bietole e cuocere per altri 3-4 minuti, mescolando spesso, fino a quando le verdure non saranno appassite. Unire il timo e il peperoncino in scaglie.

5. Togliere la padella dal fuoco e trasferire il composto di bietole in una ciotola media.

6. Mescolare la quinoa cotta, il formaggio, il pepe e le uova nella miscela di bietole. Trasferite il composto nella teglia preparata e cuocete in forno per circa 1 ora, fino a quando i bordi iniziano appena a dorarsi e il centro si è rassodato.

7. Lasciate raffreddare la frittata per qualche minuto prima di tagliarla a quadrotti. Servire caldo oa temperatura ambiente.

57. Uova al forno piccanti con formaggio di capra

SERVE 4

Ingrediente

- Spray da cucina
- 10 once di spinaci tritati surgelati, scongelati e strizzati
- 4 uova
- ¼ di tazza di salsa grossa
- ¼ tazza di formaggio di capra sbriciolato
- Pepe appena macinato

Indicazioni

1. Preriscaldare il forno a 325°F.

2. Spruzza quattro stampini da 6 once o tazze di crema pasticcera con uno spray da cucina.

3. Ricoprite il fondo di ogni pirofila con gli spinaci, dividendo equamente. Fare una leggera rientranza al centro di ogni strato di spinaci.

4. Rompi un uovo sopra gli spinaci in ogni pirofila. Coprire ogni uovo con 1 cucchiaio di salsa e 1 cucchiaio di formaggio di capra. Cospargere di pepe.

5. Disporre gli stampini su una teglia e cuocere in forno per circa 20 minuti, fino a quando gli albumi non saranno completamente rappresi, ma il tuorlo è ancora un po' liquido. Servire subito.

60. Frittata di funghi e formaggio all'aglio

SERVE 1

Ingrediente

- 2 uova
- 1 cucchiaino d'acqua
- Pepe appena macinato
- Spray da cucina
- ½ cucchiaino di aglio tritato
- 4 once di funghi a fette o cremini
- 1 oncia di formaggio svizzero a basso contenuto di sodio
- 1 cucchiaino di prezzemolo fresco tritato

Indicazioni

1. In una piccola ciotola, sbatti insieme le uova, l'acqua e il pepe fino a quando non sono ben amalgamati.

2. Spruzzare una piccola padella antiaderente con spray da cucina e scaldarla a fuoco medio. Aggiungere l'aglio e i funghi e cuocere, mescolando spesso, finché i funghi non saranno morbidi, circa 5 minuti. Trasferite il composto di funghi in una ciotola.

3. Spruzzare di nuovo la padella con spray da cucina, se necessario, e metterla a fuoco medio. Aggiungere le uova e farle cuocere fino a quando i bordi iniziano a rapprendersi. Con una spatola, spingere l'uovo incastonato dai bordi verso il centro. Inclinare la padella, facendo in modo che l'uovo crudo si sparga all'esterno dell'uovo incastonato. Cuocere fino a quando la frittata è quasi rappresa.

4. Versare i funghi cotti nella frittata in una linea al centro. Completate con il formaggio e metà del prezzemolo.

5. Piega un lato della frittata sopra l'altro lato. Lasciate cuocere per 1 minuto circa per far sciogliere il formaggio.

6. Far scivolare la frittata su un piatto e servire subito, guarnendo con il restante prezzemolo.

61. Lune di mele gommose

Resa: 18 porzioni

Ingrediente

- ¾ tazza di succo, mela -- concentrato
- ½ tazza di mele -- essiccate
- 2 uova
- ¼ tazza di burro -- sciolto e raffreddato
- 1 cucchiaino di vaniglia
- 1¼ tazza di farina
- ½ cucchiaino di lievito in polvere
- ½ cucchiaino di cannella -- macinata
- ¼ cucchiaino di sale
- ⅛ cucchiaino di noce moscata -- macinata

Indicazioni

1. Tritare la frutta. Unire il concentrato di succo di mela e le mele; lasciare riposare 10 minuti.

2. Preriscaldare il forno a 350. Sbattere le uova in una ciotola media. Unire la miscela di concentrato, il burro e la vaniglia. Aggiungere gli ingredienti rimanenti e mescolare bene. Versare cucchiai di pasta 2" su fogli di biscotti unti.

3. Cuocete per 10-12 minuti, fino a quando saranno sodi e dorati.

62. Torta per diabetici e povera di sodio

Resa: 4 porzioni

Ingrediente

- 1½ tazza di grasso vegetale
- 2¾ tazza di zucchero
- 9 uova
- 1 limone; Succo di
- 1 cucchiaino di vaniglia
- 2 tazze di farina per dolci setacciata

Indicazioni

1. Scaldare il forno a 300 gradi. Imburrate e infarinate una tortiera da 10 pollici.
2. Accorciamento della crema fino a che liscio. Aggiungere gradualmente lo zucchero e la panna.
3. Aggiungere le uova una alla volta, mantecando bene dopo ognuna. Unire il succo di limone e la vaniglia. Setacciare la farina per dolci e aggiungerla al composto.
4. Versare il composto nella tortiera. Cuocere per 1 ora e mezza o fino a quando non saranno cotti.

63. Gelato allo zucchero di canna e alle noci pecan

SERVE 8

Ingrediente

- 1 cucchiaio d'acqua
- 1½ cucchiaino di gelatina in polvere non aromatizzata
- 2½ tazze di latte magro
- ¾ tazza di zucchero di canna scuro confezionato
- ½ cucchiaino di cannella in polvere
- 3 tuorli d'uovo
- 1 (12 once) può latte evaporato scremato
- 1 cucchiaino di estratto di vaniglia
- ½ tazza di noci pecan tritate

Indicazioni

1. In una casseruola capiente, scaldare 1 tazza e mezza di latte a fuoco medio. Quando il latte è caldo, unire lo zucchero di canna e la cannella e continuare a scaldare.

2. In una ciotola media, sbatti insieme i tuorli e il latte evaporato. Aggiungere il composto di latte caldo al composto di uova a filo, sbattendo continuamente, fino a quando non è ben amalgamato.

3. Trasferire nuovamente il composto nella casseruola e scaldare a fuoco medio, mescolando continuamente, fino a quando il composto inizia appena ad addensarsi, circa 5 minuti.

4. Filtrare il composto con un colino a maglie fini in una ciotola e unirvi la gelatina e la miscela di acqua.

5. Aggiungi la restante tazza di latte e l'estratto di vaniglia, copri e lascia raffreddare in frigorifero per almeno 2 ore o tutta la notte.

6. Mescolare il composto, trasferirlo in una gelatiera e congelarlo secondo le istruzioni del produttore. Quando il composto sarà quasi congelato, aggiungete le noci pecan.

64. Torta a strati di meringa al limone

Ingrediente

Per la torta:
- Spray da cucina
- Farina multiuso, per spolverare
- 4 uova, a temperatura ambiente
- ⅔ tazza di zucchero
- 1 cucchiaino di estratto di vaniglia
- 1 cucchiaino di scorza di limone
- 3 cucchiai di olio di canola
- ¾ tazza di farina per torte

Per il ripieno:
- 1 lattina di latte condensato zuccherato senza grassi
- 1 cucchiaino di scorza di limone
- ⅓ tazza di succo di limone fresco

Per la farcitura:
- 2 albumi d'uovo, a temperatura ambiente
- ¼ cucchiaino di cremor tartaro
- ¼ tazza di zucchero
- ¼ cucchiaino di estratto di vaniglia

Indicazioni

Per fare la torta:

1. In una ciotola capiente, unire le uova e lo zucchero e sbattere con le fruste elettriche a velocità medio-alta fino a ottenere un composto spumoso e giallo pallido, da 8 a 10 minuti. Aggiungere la vaniglia e la scorza di limone.

2. Usando una spatola di gomma, incorporare delicatamente l'olio.

3. Incorporate la farina fino a quando non sarà incorporata.

4. Trasferite l'impasto nelle teglie preparate, dividendolo uniformemente.

5. Cuocere le torte per 20-22 minuti, fino a quando uno stuzzicadenti inserito al centro esce pulito.

6. Mettere le teglie su una griglia a raffreddare per 10 minuti, quindi sformare le torte sulla griglia e farle raffreddare completamente.

65. Torta alla crema di cioccolato

SERVE 8
Ingrediente

Per l'impasto:
- 1¼ tazza di briciole di biscotti al cioccolato
- 3 cucchiai di burro non salato, sciolto

Per il ripieno:
- ¾ tazza di zucchero
- ¼ tazza di amido di mais
- ¼ tazza di cacao amaro in polvere
- 1¾ tazze di latte magro o latte di cocco leggero
- 1 uovo
- 4 once di cioccolato agrodolce, tritato finemente
- Guarnizione montata senza grassi, per servire

Indicazioni

1. In una grande casseruola a fuoco medio, sbatti insieme lo zucchero, l'amido di mais e il cacao. Aggiungere il latte e l'uovo e continuare a sbattere fino a che liscio.

2. Cuocere, mescolando continuamente, finché il composto non bolle e si addensa, circa 5 minuti.

3. Togliete il composto dal fuoco e aggiungete il cioccolato, mescolando fino a quando non sarà completamente sciolto e incorporato.

4. Versare il ripieno nella crosta preparata, coprire con pellicola trasparente, premendo la plastica sulla superficie del ripieno e raffreddare fino a quando non si rapprende, almeno 4 ore.

5. Servire freddo, guarnito con frutta o condimento montato, se lo si desidera.

66. Biscotti Ciliegia-Mandorla

FA 18 BISCOTTI

Ingrediente

- 1 tazza di farina per tutti gli usi
- 1 tazza di farina integrale
- ½ cucchiaino di lievito in polvere
- ½ cucchiaino di bicarbonato di sodio
- ¼ tazza di burro non salato
- ½ tazza di zucchero semolato
- ¼ tazza di zucchero di canna
- 2 uova
- 1 cucchiaio di estratto di vaniglia
- 3 once di mandorle
- 2 once di ciliegie essiccate, tritate

Indicazioni

1. In una ciotola media, mescola insieme le farine, il lievito e il bicarbonato di sodio.

2. In una ciotola capiente, utilizzando uno sbattitore elettrico, sbatti il burro e gli zuccheri insieme fino a ottenere una crema. Aggiungere le uova, una alla volta.

3. Aggiungere la vaniglia e gli ingredienti secchi e sbattere fino a quando non sono ben amalgamati. Aggiungere le mandorle e le ciliegie essiccate.

4. Dividere l'impasto in 2 parti uguali. Sulla teglia preparata, modellare l'impasto in due pagnotte da 3 x 8 pollici.

5. Cuocere i pani finché non saranno dorati, da 30 a 35 minuti.

6. Tagliare le pagnotte con un angolo di 45 gradi in fette larghe 1 pollice.

7. Riponete le fette sulla teglia, appoggiandole sui bordi non tagliati. Cuocere i biscotti finché non saranno molto asciutti e leggermente dorati, circa 25 minuti.

67. Biscotti con fiocchi d'avena e scaglie di cioccolato

Ingrediente

- ½ tazza di farina per tutti gli usi
- ½ tazza di farina integrale
- ¾ tazza di fiocchi d'avena a cottura rapida vecchio stile
- ½ cucchiaino di lievito in polvere
- ⅓ cucchiaino di bicarbonato di sodio
- ¾ tazza di zucchero di canna chiaro
- ⅓ tazza di olio di canola
- 1 uovo
- 1 cucchiaino di estratto di vaniglia
- ⅓ tazza di gocce di cioccolato fondente

Indicazioni

1. Preriscaldare il forno a 350°F.

2. Foderate una teglia grande con carta da forno.

3. In una ciotola media, unire le farine, l'avena, il lievito e il bicarbonato di sodio.

4. Utilizzando uno sbattitore elettrico, in una ciotola capiente, montate lo zucchero e l'olio.

5. Aggiungere l'uovo e la vaniglia e sbattere per unire.

6. Unite il composto secco al composto umido e sbattete per amalgamare.

7. Nascoste nei biscotti al cioccolato.

8. Far cadere l'impasto dei biscotti sulla teglia da cucchiai arrotondati.

9. Cuocere i biscotti fino a doratura, circa 25 minuti. Trasferite i biscotti su una gratella a raffreddare.

68. Torta di pane di mais a basso contenuto di sodio

Ingrediente

- 1 libbra di carne macinata, magra
- 1 cipolla grande - tritata
- 1 zuppa di pomodoro finta
- Sale e $\frac{3}{4}$ cucchiaino di pepe nero
- 1 cucchiaio di peperoncino in polvere
- 12 once di mais congelato
- $\frac{1}{2}$ tazza di peperone verde -- tritato
- $\frac{3}{4}$ tazza di farina di mais
- 1 cucchiaio di zucchero
- 1 cucchiaio di farina per tutti gli usi
- $1\frac{1}{2}$ cucchiaino di lievito in polvere
- 2 albumi d'uovo ben sbattuti
- $\frac{1}{2}$ tazza di latte al 2%.
- 1 cucchiaio di sgocciolamento di pancetta

Indicazioni

1. Torta di pane al mais: Unire in una padella la carne macinata e la cipolla tritata.

2. Far dorare bene. Aggiungere la zuppa di pomodoro, l'acqua, il pepe, il peperoncino in polvere, il mais e il peperone verde tritato. Mescolate bene e fate cuocere per 15 minuti. Trasformare in una casseruola unta. Coprire con pane di mais (sotto) e cuocere in forno moderato (350 ~ F) per 20 minuti.

3. Topping per pane di mais: setacciare insieme la farina di mais, lo zucchero, la farina e il lievito. Aggiungere l'uovo ben sbattuto, il latte e la pancetta sgocciolata. Passare al composto di manzo.

69. Torta soufflé al cioccolato

Resa: 8 porzioni

Ingrediente

- Olio vegetale antiaderente
- Spray
- 14 cucchiai di zucchero
- ⅔ tazza Noci tostate
- ½ tazza di cacao amaro in polvere
- 3 cucchiai di olio vegetale
- 8 albumi grandi
- 1 pizzico di sale
- Zucchero a velo

Indicazioni

1. Spalmare carta e teglia con olio vegetale spray. Cospargete la padella con 2 cucchiai di zucchero. Tritare finemente le noci con 2 cucchiai di zucchero nel processore. Trasferisci il composto di noci in una ciotola capiente. Unire 10 cucchiai di zucchero e cacao, quindi olio.

2. Utilizzando le fruste elettriche, montate a neve ben ferma gli albumi e il sale. Unite gli albumi al composto di cacao.

3. Versare l'impasto nella teglia preparata; parte superiore liscia.

4. Cuocere fino a quando le sfoglie e il tester inserito al centro escono con le briciole umide attaccate, circa 30 minuti.

70. Tacos per la colazione

Ingrediente

- 1 cucchiaino di cumino macinato
- 1 barattolo (15 once) di fagioli rosa senza sale
- 4 scalogni, affettati
- 1 piccolo peperone rosso, tagliato a listarelle sottili
- ½ tazza di brodo di pollo a ridotto contenuto di sodio
- 2 spicchi d'aglio, tritati
- 4 uova
- 4 cucchiai di yogurt magro
- 4 cucchiai di salsa
- 8 (6") tortillas di mais, tostate

Indicazioni

a) Scaldare una padella antiaderente da 10 pollici a fuoco medio-alto. Aggiungere il cumino e cuocere, mescolando di tanto in tanto, per circa 30 secondi, o fino a quando non sarà fragrante. Aggiungere i fagioli, lo scalogno, il peperone, il brodo e l'aglio. Portare a ebollizione, quindi abbassare la fiamma in modo che il composto si asciughi. Cuocere per 8 minuti.

b) Usa il dorso del cucchiaio per fare quattro rientranze nei fagioli. rompi ogni uovo in una tazza di crema pasticcera e versaci dentro ogni rientranza. Coprire e cuocere per circa 8 minuti.

c) Versare ogni porzione di composto di fagioli con le uova su un piatto. Cospargere le olive sopra e intorno ai fagioli. Completare ogni porzione con 1 cucchiaio di yogurt e 1 cucchiaio di salsa.

71. Hash alla griglia

Ingrediente

- 3 patate dolci, sbucciate e tritate
- 1 confezione (8 once) di tempeh, tritato
- 1 cipolla, tritata finemente
- 1 peperone rosso, tritato finemente
- 1 cucchiaio di salsa barbecue acquistata in negozio
- 1 cucchiaino di condimento cajun
- ¼ tazza di prezzemolo fresco tritato
- 4 uova Salsa al peperoncino (facoltativa)

Indicazioni

a) Scaldare 3 cucchiai di olio in una padella antiaderente capiente a fuoco medio-alto. Aggiungere le patate dolci e il tempeh e cuocere, mescolando di tanto in tanto, per 5 minuti, o finché il composto non inizia a prendere colore. Ridurre il fuoco a medio.

b) Aggiungere la cipolla e il peperone e cuocere per 12 minuti in più, mescolando più spesso a fine cottura, fino a quando il tempeh non sarà dorato e le patate tenere.

c) Aggiungere la salsa barbecue, il condimento Cajun e il prezzemolo. Mescolare per unire, quindi dividere in 4 piatti da portata.

d) Pulisci la padella con un tovagliolo di carta. Ridurre il fuoco a medio-basso e aggiungere il restante 1 cucchiaio di olio. Rompete le uova nella padella e cuocetele fino alla cottura desiderata.

e) Far scorrere un uovo sopra ogni porzione di hashish e servire subito. Passare la salsa di peperoncino, se lo si desidera, a tavola.

72. Frittata di olive ed erbe aromatiche

Ingrediente

- 1 cucchiaino di olio d'oliva, preferibilmente extravergine
- 3/4 di tazza di peperone rosso tritato
- 3/4 di tazza di peperone verde tritato
- 3/4 di tazza (3 once) di formaggio Monterey Jack a ridotto contenuto di grassi
- 2 cucchiai di basilico fresco tritato
- 5 uova + 2 albumi, leggermente sbattuti
- $\frac{1}{4}$ cucchiaino di sale Pepe nero macinato

Indicazioni

a) Preriscaldare il forno a 375°F. Rivestire una padella antiaderente da 9 "con spray di olio vegetale. Mettere a fuoco medio-alto. Aggiungere l'olio. Scaldare per 30 secondi. Aggiungere i peperoni. Cuocete, mescolando di tanto in tanto, per circa 5 minuti, o finché non saranno appena morbide. Cospargere il formaggio e il basilico nella padella. Aggiungere le uova, gli albumi, le olive, il sale e il pepe.

b) Cuocere per circa 30 minuti, o fino a quando le uova non si saranno rapprese. Lasciar raffreddare leggermente. Tagliare a spicchi.

73. frittata di asparagi

ingredienti

- ½ libbra di asparagi, tagliati a pezzi da 1"
- ¼ di cipolla, tritata finemente
- 4 uova
- 2 albumi d'uovo
- 2 cucchiai di acqua fredda
- 2 cucchiaini di scorza d'arancia appena grattugiata
- ¼ cucchiaino di sale Pepe nero appena macinato

Indicazioni

a) Preriscaldare il forno a 350°F. Scaldare una padella antiaderente da 10 pollici a fuoco medio per 1 minuto. Aggiungere l'olio e scaldare per 30 secondi. Aggiungere gli asparagi e la cipolla. Cuocere, mescolando, per circa 2 minuti, o finché gli asparagi non saranno di un verde brillante.

b) Nel frattempo montate le uova, gli albumi, l'acqua, la scorza d'arancia e il sale. Versare nella padella e cuocere per 2 minuti, o fino a quando inizia a rapprendersi sul fondo. Usa una spatola di silicone per sollevare i bordi fissati e lasciare che la miscela cruda scorra sotto. Condite bene con il pepe.

c) Trasferire in forno e cuocere per 6 minuti. Usa la spatola per sollevare il bordo della miscela di uova e capovolgi la padella per consentire a eventuali uova crude e olio di scorrere sotto. Cuocere per circa 6 minuti in più, o fino a quando non saranno gonfi e dorati.

74. Toast Fragole E Mandorle

ingredienti

- 1 uovo
- ¼ tazza di latte scremato
- ¼ cucchiaino di cannella in polvere
- 1 fetta di pane integrale
- 1 cucchiaino di margarina
- ½ tazza di fragole a fette

Indicazioni

a) Sbattere l'uovo in una ciotola poco profonda con il latte e la cannella. Immergere entrambi i lati del pane nel composto di uova.

b) Sciogliere la margarina in una padella antiaderente a fuoco medio. Cuocere il pane per circa 2 o 3 minuti per lato, o fino a doratura. Tagliare a metà in diagonale. Metterne la metà su un piatto. Ricoprire con metà delle fragole e delle mandorle.

c) Coprire con l'altra metà di pane tostato e le restanti fragole e mandorle.

75. frittelle con scaglie di cioccolato

ingredienti

- 2/3 tazza di farina integrale
- 2/3 di tazza di farina per tutti gli usi non sbiancata
- 1/3 tazza di farina di mais
- 1 cucchiaio di lievito in polvere
- ½ cucchiaino di bicarbonato di sodio
- 2 tazze di yogurt alla vaniglia senza grassi
- 3/4 di tazza di sostituto dell'uovo senza grassi
- 2 cucchiai di olio di canola
- 3/4 di tazza di guarnizione montata senza lattosio

Indicazioni

a) Unisci le farine, la farina di mais, il lievito e il bicarbonato di sodio in una ciotola capiente. Unire lo yogurt, il sostituto dell'uovo, le gocce di cioccolato e l'olio.

b) Rivestire una grande padella antiaderente con spray da cucina e scaldare a fuoco medio.

c) Per ogni pancake, versare 2 cucchiai di pastella nella padella. Cuocere le frittelle per 2 minuti, o fino a quando non compaiono delle bolle sulla superficie e i bordi non si sono fissati. Capovolgere e cuocere fino a doratura, circa 2 minuti in più. Ripetere con la pastella rimanente.

d) Guarnire ogni pancake con 1 cucchiaino di guarnizione montata.

76. Cialde al cioccolato e noci

ingredienti

- 1 ½ tazza di farina per dolci integrali
- ½ tazza di cacao amaro in polvere
- 2 cucchiaini di lievito in polvere
- ¼ cucchiaino di bicarbonato di sodio
- 1 tazza 1% di latte
- ½ tazza di zucchero di canna confezionato
- 2 cucchiaini di caffè espresso in polvere
- 3 cucchiai di olio d'oliva leggero
- 3 albumi
- 1/8 cucchiaino di sale
- 3 cucchiai di sciroppo d'acero

Indicazioni

a) Sbattere insieme la farina, il cacao in polvere, il lievito e il bicarbonato di sodio in una ciotola capiente fino ad ottenere un composto omogeneo. Fare un buco al centro della miscela di farina e aggiungere il latte, lo zucchero, l'espresso in polvere e l'olio. Sbatti insieme gli ingredienti fino a quando non saranno ben amalgamati.

b) Preriscaldare una piastra per waffle per 4 minuti, o secondo le istruzioni del produttore. Incorporate gli albumi alla pastella di cioccolato in 3 aggiunte, mescolando fino a quando il composto non sarà ben amalgamato.

c) Rivestire le griglie per waffle riscaldate con spray da cucina subito prima dell'uso. Aggiungere abbastanza pastella da coprire quasi le griglie dei waffle (2/3 di tazza) e cuocere per 3-4 minuti.

77. Barrette Di Muesli E Ciliegie Secche

ingredienti

- 1½ tazza di avena secca secca
- 1 cucchiaio di farina per tutti gli usi
- 2/3 tazza di ciliegie secche non zuccherate tritate
- 2 uova
- 1 tazza di zucchero di canna chiaro confezionato
- 1 cucchiaio di olio di canola
- 1 cucchiaino di cannella in polvere
- ¼ cucchiaino di sale
- 1 cucchiaino di estratto di vaniglia

Indicazioni

a) Disporre 1 tazza di anacardi e ½ tazza di avena su una grande teglia con i lati. Cuocere per 10 minuti, o fino a doratura, mescolando una volta. Mettere da parte.

b) Mettere la farina e 1 tazza di avena e ½ tazza di anacardi rimanenti in un robot da cucina dotato di una lama di metallo. Lavorare fino a che liscio. Trasferire in una ciotola media e unire con le ciliegie e gli anacardi e l'avena messi da parte.

c) Sbattere insieme le uova, lo zucchero di canna, l'olio, la cannella, il sale e la vaniglia in una ciotola capiente. Unire la miscela di avena e anacardi fino a quando non sarà ben amalgamata. Distribuire nella padella preparata.

d) Cuocere per 30 minuti, o fino a doratura.

78. Muffin Di Frutta E Noci

ingredienti

- 1 3/4 tazze di farina per dolci integrali
- 1½ cucchiaino di lievito in polvere
- 1½ cucchiaino di cannella in polvere
- ½ cucchiaino di bicarbonato di sodio
- ¼ cucchiaino di sale
- 1 tazza di yogurt alla vaniglia senza grassi
- ½ tazza di zucchero di canna
- 1 uovo
- 2 cucchiai di olio di canola
- 1 cucchiaino di estratto di vaniglia
- ½ tazza di ananas schiacciato nel succo, sgocciolato
- 1/3 di tazza di ribes o uvetta
- ¼ tazza di carote grattugiate

Indicazioni

a) Preriscaldare il forno a 400°F.

b) Unisci la farina, il lievito, la cannella, il bicarbonato e il sale in una ciotola capiente. Unisci lo yogurt, lo zucchero di canna, l'uovo, l'olio e la vaniglia in una ciotola media. Mescolare la miscela di yogurt nella miscela di farina fino a quando non si sarà amalgamata.

c) Unire le noci pecan, l'ananas, il ribes o l'uvetta e le carote.

d) Dividere l'impasto in modo uniforme in 12 pirottini per muffin.

e) Cuocere per 20 minuti.

79. Snack bar doppia zucca

ingredienti

- 1 tazza di zucca in scatola solida
- 1 tazza di carota grattugiata
- ½ tazza di zucchero
- 1/3 di tazza di mirtilli rossi secchi o uvetta
- ¼ tazza di olio di canola
- 2 uova grandi
- 1 tazza di farina per dolci integrali
- 1 cucchiaino di lievito in polvere
- 1 cucchiaino di cannella in polvere
- ½ cucchiaino di bicarbonato di sodio
- ¼ cucchiaino di sale

Indicazioni

a) Misura 1 tazza di semi di zucca in un frullatore o in un robot da cucina e frulla fino a quando non sarà finemente macinato. Mettere da parte. Tritare grossolanamente i semi rimanenti e mettere da parte.

b) Unire la zucca, la carota, lo zucchero, i mirtilli o l'uvetta, l'olio e le uova in una ciotola capiente e mescolare fino a quando non saranno ben amalgamati. Aggiungere la farina, i semi di zucca macinati, il lievito, la cannella, il bicarbonato e il sale. Mescolare fino a quando non si sarà amalgamato.

c) Versare l'impasto nella teglia preparata e stenderlo uniformemente. Cospargete con i semi di zucca tritati tenuti da parte. Cuocere per 22-25 minuti, o fino a quando la parte superiore non rinasce se premuta leggermente. Raffreddare completamente nella teglia su una griglia prima di tagliare in 12 barrette.

80. Crosta di pizza all'uovo

ingredienti-

- 3 uova
- 1/2 tazza di farina di cocco
- 1 tazza di latte di cocco
- 1 spicchio d'aglio schiacciato

Indicazioni

a) Mescolare e fare una frittata.

b) Servire

81. Frittata con verdure

Serve 1

ingredienti

- 2 uova grandi
- Sale
- Gpepe nero tondo
- 1 cucchiainoolivail petrolio ocuminoil petrolio
- 1tazza di spinaci, pomodorini e 1 cucchiaio di yogurt al formaggio
- Fiocchi di peperoncino tritato e un pizzico di aneto

Indicazioni

a) Sbattere 2 uova grandi in una piccola ciotola. Condite con sale e pepe nero macinato e tenete da parte. Scaldare 1 cucchiaino di olio d'oliva in una padella media a fuoco medio.

b) Aggiungere gli spinaci novelli, i pomodori, il formaggio e cuocere, mescolando, finché non appassiscono (circa 1 minuto).

c) Aggiungere le uova; cuocere, mescolando di tanto in tanto, fino a quando non si rapprende, circa 1 minuto. Unire il formaggio.

d) Cospargere con scaglie di peperoncino tritato e aneto.

82. Muffin all'uovo

ingredienti

Porzione: 8 muffin

- 8 uova
- 1 tazza di peperone verde a cubetti
- 1 tazza di cipolla tagliata a dadini
- 1 tazza di spinaci
- 1/4 cucchiaino di sale
- 1/8 cucchiaini di pepe nero macinato
- 2 cucchiai d'acqua

Indicazioni

a) Riscaldare il forno a 350 gradi F. Olio 8 pirottini per muffin.

b) Sbattere le uova insieme.

c) Unire peperone, spinaci, cipolla, sale, pepe nero e acqua. Versare il composto negli stampini da muffin.

d) Cuocere in forno fino a quando i muffin non saranno cotti nel mezzo.

83. Uova strapazzate di salmone affumicato

ingredienti

- 1 cucchiainoNoce di coccoil petrolio
- 4 uova
- 1 cucchiaio d'acqua
- 4 once. salmone affumicato, affettato
- 1/2 avocado
- pepe nero macinato, a piacere
- 4 erba cipollina, tritata (oppure utilizzare 1 cipolla verde, affettata sottilmente)

Indicazioni

a) Scaldare una padella a fuoco medio.

b) Aggiungere l'olio di cocco nella padella quando è caldo.

c) Nel frattempo, sbattete le uova. Aggiungere le uova nella padella calda, insieme al salmone affumicato. Mescolando continuamente, cuocere le uova fino a renderle morbide e spumose.

d) Togliere dal fuoco. Completare con avocado, pepe nero ed erba cipollina per servire.

84. Bistecca e uova

Serve 2

ingredienti-

- Bistecca di manzo disossata o filetto di maiale da 1/2 libbra
- 1/4 cucchiaino di pepe nero macinato
- 1/4 cucchiaino di sale marino (facoltativo)
- 2 cucchiainiNoce di coccoil petrolio
- 1/4 di cipolla, tagliata a dadini
- 1 peperone rosso, tagliato a dadini
- 1 manciata di spinaci o rucola
- 2 uova

Indicazioni

a) Condire la bistecca a fette o il filetto di maiale con sale marino e pepe nero. Scaldare una padella antiaderente a fuoco alto. Aggiungi 1 cucchiaino di olio di cocco, le cipolle e la carne quando la padella è calda e fai rosolare fino a quando la bistecca è leggermente cotta.

b) Aggiungere gli spinaci e il peperone rosso e cuocere fino a quando la bistecca non sarà cotta a proprio piacimento. Nel frattempo, scaldare una piccola padella a fuoco medio. Aggiungere l'olio di cocco rimanente e friggere due uova.

c) Guarnire ogni bistecca con un uovo fritto per servire.

85. Cuocere le uova

ingredienti-

Serve 6

- 2 tazze di peperoni rossi o spinaci tritati
- 1 tazza di zucchine
- 2 cucchiaiNoce di coccoil petrolio
- 1 tazza di funghi affettati
- 1/2 tazza di cipolle verdi affettate
- 8 uova
- 1 tazza di latte di cocco
- 1/2 tazzamandorlaFarina
- 2 cucchiai di prezzemolo fresco tritato
- 1/2 cucchiaino di basilico essiccato
- 1/2 cucchiaino di sale
- 1/4 cucchiaino di pepe nero macinato

Indicazioni

a) Preriscaldare il forno a 350 gradi F. Mettere l'olio di cocco in una padella. Scaldare a fuoco medio. Aggiungere i funghi, le cipolle, le zucchine e il peperoncino (o gli spinaci) finché le verdure non saranno tenere, circa 5 minuti. Scolare le verdure e distribuirle sulla teglia.

b) Sbattere le uova in una ciotola con latte, farina, prezzemolo, basilico, sale e pepe. Versare il composto di uova nella teglia.

c) Cuocere in forno preriscaldato fino a quando il centro non sarà ben rappreso (da 35 a 40 minuti circa).

86. frittata

6 porzioni

ingredienti

- 2 cucchiaiolivail petrolio oavocadoil petrolio
- 1Zucchine, affettate
- 1 tazza di spinaci freschi strappati
- 2 cucchiai di cipolle verdi affettate
- 1 cucchiaino di aglio schiacciato, Sale e pepe a piacere
- 1/3 tazza di latte di cocco
- 6 uova

Indicazioni

a) Scaldare l'olio d'oliva in una padella a fuoco medio. Aggiungere le zucchine e cuocere finché non saranno tenere. Unire gli spinaci, le cipolle verdi e l'aglio. Condire con sale e pepe. Continuare la cottura fino a quando gli spinaci non saranno appassiti.

b) In una ciotola a parte, sbattere insieme le uova e il latte di cocco. Versare nella padella sopra le verdure. Ridurre il fuoco al minimo, coprire e cuocere fino a quando le uova non saranno sode (da 5 a 7 minuti).

87. Naan / Frittelle / Crepes

ingredienti

- 1/2 tazza mandorla Farina
- 1/2 tazza di farina di tapioca
- 1 tazza di latte di cocco
- Sale
- Noce di cocco oil petrolio

Indicazioni

a) Mescola tutti gli ingredienti insieme.

b) Scaldare una padella a fuoco medio e versare la pastella allo spessore desiderato. Quando la pastella risulterà soda, capovolgetela per cuocerla dall'altro lato.

c) Se vuoi che sia una crepe o un pancake da dessert, ometti il sale. Puoi aggiungere aglio tritato o zenzero nella pastella, se lo desideri, o alcune spezie.

88. Pancakes con zucchine

Serve 3

ingredienti

- 2 zucchine medie
- 2 cucchiai di cipolla tritata
- 3uova sbattute
- Da 6 a 8 cucchiaimandorlaFarina
- 1 cucchiaino di sale
- 1/2 cucchiaino di pepe nero macinato
- Noce di coccoil petrolio

Indicazioni

a) Riscalda il forno a 300 gradi F.

b) Grattugiare le zucchine in una ciotola e unire la cipolla e le uova. Unire 6 cucchiai di farina, sale e pepe.

c) Scaldare una padella capiente a fuoco medio e aggiungere l'olio di cocco nella padella. Quando l'olio è caldo, abbassate il fuoco a medio-basso e aggiungete la pastella nella padella. Cuocere le frittelle circa 2 minuti per lato, fino a doratura. Metti le frittelle in forno.

89. quiche

Serve 2-3

ingredienti

- 1 Crostata di torta salata precotta e raffreddata
- 8 once di spinaci biologici, cotti e scolati
- 6 once di maiale a cubetti
- 2 scalogni medi, affettati sottilmente e saltati
- 4 uova grandi
- 1 tazza di latte di cocco
- 3/4 cucchiaini di sale
- 1/4 cucchiaino di pepe nero appena macinato

Indicazioni

a) Rosolare il maiale in olio di cocco e poi aggiungere gli spinaci e lo scalogno. Mettere da parte una volta fatto.

b) Preriscaldare il forno a 350F. In una ciotola capiente, unire le uova, il latte, il sale e il pepe. Sbatti fino a quando non diventa spumoso. Aggiungere circa 3/4 del composto di ripieno scolato, riservando l'altro 1/4 per "ricoprire" la quiche. Versare il composto di uova nella crosta e adagiare il ripieno rimanente sopra la quiche.

c) Mettere la quiche in forno al centro della griglia centrale e cuocere indisturbata per 45-50 minuti.

90. Polpette di salsiccia per la colazione

Resa: 12 porzioni

Ingrediente

- 2 cucchiai di succo d'arancia, concentrato congelato
- 2 cucchiai di sciroppo d'acero
- 4 segmenti Pane
- 1 uovo, leggermente frullato
- $\frac{1}{2}$ libbra di salsiccia sfusa delicata
- $\frac{1}{2}$ tazza di noci pecan grigliate a dadini
- 2 cucchiai di Fiocchi di Prezzemolo

Indicazioni

a) Spezzare il pane nel succo d'arancia e nello sciroppo d'acero. Aggiungere l'uovo e mescolare accuratamente.

b) Unire gli altri ingredienti. Trasformare in piccole palline di salsiccia di circa 1 pollice di diametro o in polpette. Friggere lentamente in una piastra o una piastra a fuoco moderato fino a doratura. Può essere servito come antipasto o accompagnamento ai maccheroni per una cena in famiglia. Può essere preparato in anticipo e congelato dopo la cottura.

c) Riscaldare in una griglia calda prima di servire.

91. Panini con salsiccia a colazione

Resa: 1 porzione

Ingrediente

- Burro o margarina ammorbiditi
- 8 segmenti Pane
- 1 libbra Salsiccia di maiale, cotta
- Sbriciolato e scolato
- 1 tazza (circa
- 4 once) formaggio cheddar grattugiato
- 2 Uova, frullate
- 1½ tazza di latte
- 1½ cucchiaino di senape

Indicazioni

a) Spalmare il burro su un lato di ogni spicchio di pane.

b) Mettere 4 segmenti, con il lato imburrato rivolto verso il basso, in un unico strato in una teglia quadrata da 8 pollici leggermente unta.

c) sopra ogni spicchio di pane con la salsiccia e gli spicchi di pane rimanenti, con il lato imburrato verso l'alto. Cospargere di formaggio.

d) Mescolare gli ingredienti rimanenti; spruzzare sui panini. coprire con il coperchio e conservare in frigorifero per almeno 8 ore.

92. crema pasticcera al peperoncino

Resa: 4 porzioni

Ingrediente

- 2 uova grandi
- 2 tuorli d'uovo grandi
- ⅓ tazza di zucchero, marrone
- 2 cucchiai Zucchero, Marrone
- ¼ cucchiaino di sale
- 2 tazze di panna, pesante
- ¼ cucchiaino di vaniglia
- 2 cucchiaini di Chile de Arbol, tostato in polvere

Indicazioni

a) Scaldare la griglia a 300 gradi. Sbattere l'uovo, i tuorli, ⅓c di zucchero di canna e il sale in un piatto non reattivo fino a quando non saranno ben amalgamati.

b) Scottare la panna e la vaniglia in una casseruola a fuoco moderato; Togliere dal fuoco; sbattere rapidamente in frazioni per mescolare le uova fino a che liscio; riaggiungere alla panna in casseruola; riportare appena al di sotto di una crema pasticcera a fuoco lento ricopre il dorso di un cucchiaio; Togliere dal fuoco.

c) spruzzare la crema pasticcera in 4 stampini da 4 once; posizionare nella padella dell'hotel; piano padella in griglia; riempire con acqua a sufficienza per raggiungere ⅔ sui lati degli stampini; cuocere fino a quando non si sarà rappresa (circa 35 minuti); refrigerare 3 ore.

d) Per servire; cospargere ogni crema pasticcera con ¼ di cucchiaino di peperoncino in polvere; tomaia con zucchero di canna setacciato; grigliare fino a quando lo zucchero non si sarà sciolto, non bruciato.

93. Panini con salsiccia a colazione

Resa: 1 porzione

Ingrediente

- Burro o margarina ammorbiditi
- 8 segmenti Pane
- 1 libbra Salsiccia di maiale, cotta
- 4 once di formaggio cheddar grattugiato
- 2 Uova, frullate
- 1½ tazza di latte
- 1½ cucchiaino di senape

Indicazioni

a) Spalmare il burro su un lato di ogni spicchio di pane.

b) Mettere 4 segmenti, con il lato imburrato rivolto verso il basso, in un unico strato in una teglia quadrata da 8 pollici leggermente unta.

c) sopra ogni spicchio di pane con la salsiccia e gli spicchi di pane rimanenti, con il lato imburrato verso l'alto. Cospargere di formaggio.

d) Mescolare gli ingredienti rimanenti; spruzzare sui panini. coprire con il coperchio e conservare in frigorifero per almeno 8 ore

e) Estrarre dal frigorifero; lasciate riposare 30 minuti.

94. Pancakes tedeschi

Resa: 12 porzioni

Ingrediente

- pollo al pepe rosso grigliato
- 3 uova grandi
- ⅓ tazza di farina per tutti gli usi
- ⅓ tazza di latte
- ¼ cucchiaino di sale
- 1 cucchiaio di grasso vegetale; fuso

Indicazioni

a) Pollo al peperoncino pronto alla griglia; refrigerare fino al momento di servire.

b) Riscaldare la griglia a 450F. In un piatto di media grandezza, con le fruste elettriche ad alta velocità, sbatti le uova fino ad ottenere un composto spumoso e spumoso. Ridurre la velocità del mixer al minimo e incorporare gradualmente la farina, il latte e il sale.

c) Mettere 2 padelle contenenti ciascuna sei stampi a forma di cuore da $2\frac{1}{2}$ pollici o una teglia per muffin con dodici tazze da $2\frac{1}{2}$ pollici nella griglia per 5 minuti per scaldare. Estrarre le padelle dalla griglia; spazzolare le tazze con grasso fuso. Dividere la pastella tra le tazze e cuocere da 10 a 12 minuti o fino a quando non sarà gonfia e leggermente dorata.

d) Estrarre i pancake dalle tazze sulla griglia. Raffreddare da 5 a 10 minuti o fino a quando la parte centrale non cade, lasciando una leggera rientranza. Al centro delle frittelle, adagiate il pollo al peperoncino grigliato e adagiatelo su un piatto da portata. Servire subito. Se lo si desidera, le frittelle possono essere completamente raffreddate prima di farcire e servite fredde.

e) Da $\frac{1}{2}$ tazza di peperone dolce grigliato a dadini, mettere da parte 2 cucchiai. Mettere il peperoncino rimasto nel robot da cucina dotato di lama per dadini. Aggiungere 3 cucchiai di maionese, 1 cucchiaio di aceto balsamico, $\frac{1}{4}$ cucchiaino di pepe nero macinato e $\frac{1}{8}$ cucchiaino di sale; frullare fino a ottenere una purea. Spostare su un piatto di dimensioni moderate e aggiungere 1 tazza di pollo cotto a dadini, 1 cipolla verde, finemente tagliata a dadini e 2 cucchiai di peperone rosso grigliato tagliato a dadini.

f) Mescolare bene. Coprite con il coperchio e mettete in frigo fino al momento di servire.

BEVANDE FRESCHE ALL'UOVO

95. Coquito

Resa: 1 porzione

Ingrediente

- Rum portoricano leggero da 13/16 quarti
- Sbucciare da 2 lime; (grattugiato)
- 6 tuorli d'uovo
- 1 lattina Latte condensato dolce
- 2 lattine (grandi) di latte evaporato
- 2 lattine Crema di cocco; (come Coco Lopez)
- 6 once di gin

Indicazioni

a) Mescolare metà del rum con la scorza di lime in un frullatore ad alta velocità per 2 minuti. Scolare e mettere in una ciotola capiente. Aggiungere il resto del rum.

b) Nel frullatore, mescolare i tuorli d'uovo, entrambi i latti e il gin fino a quando non saranno ben amalgamati.

c) Versare $\frac{3}{4}$ di questo composto nella ciotola con il rum. Mescolare il resto con la crema di cocco e amalgamare bene. aggiungere al composto di rum, frullare bene e conservare in frigorifero.

96. Amaretto Sour Classico

Resa: 1 drink

ingredienti

- 1 ½ once (3 cucchiai) di amaretto
- ½ oncia (1 cucchiaio) di whisky bourbon
- 1 oncia (2 cucchiai) di succo di limone
- 1 cucchiaino di sciroppo semplice o sciroppo d'acero
- 1 albume d'uovo
- 2 gocce di bitter Angostura
- Per la guarnizione: Ciliegia Cocktail o Ciliegia Luxardo, fetta di limone

Indicazioni

a) Aggiungere l'amaretto, il bourbon, il succo di limone, lo sciroppo, l'albume e il bitter in uno shaker senza ghiaccio. Agitare per 15 secondi.

b) Aggiungere il ghiaccio nello shaker. Agitare di nuovo per 30 secondi.

c) Filtrare la bevanda in un bicchiere; la schiuma si raccoglierà in alto. Guarnire con una ciliegina da cocktail.

97. Whisky Sour Cocktail

SERVE 1 porzione

ingredienti

- 2 once di whisky
- 3/4 once di succo di limone appena spremuto
- Sciroppo semplice da 1/2 oncia
- 1 albume grande
- Ghiaccio
- Da 2 a 3 gocce di bitter Angostura, facoltativo

Indicazioni

a) Unire gli ingredienti e shakerare senza ghiaccio:

b) Aggiungere il whisky, il succo di limone e lo sciroppo semplice in uno shaker, quindi aggiungere l'albume.

c) Agitare, senza ghiaccio, per 60 secondi.

d) Aggiungere il ghiaccio, shakerare di nuovo, quindi filtrare:

e) Aggiungere il ghiaccio nello shaker e agitare di nuovo per 30 secondi. Filtrare in una coppetta da cocktail e versare sopra il bitter. Servire!

98. Liquore all'uovo tedesco

Porzioni: 2

ingredienti

- 4 tuorli d'uovo
- 1 tazza di zucchero a velo
- 1/2 cucchiaino di estratto di vaniglia
- 1/2 tazza di panna da montare
- 1/3 tazza di rum

Indicazioni

a) Separare le uova e aggiungere i tuorli in una ciotola di medie dimensioni. Unite lo zucchero a velo e l'estratto di vaniglia e lavorate con le fruste elettriche o con le fruste fino ad ottenere una consistenza cremosa.

b) Unire la panna da montare e continuare a sbattere.

c) Ora versate lentamente il rum e continuate a sbattere energicamente.

d) Una volta schiumata, mettere la ciotola a bagnomaria sul fornello e continuare a sbattere per qualche minuto fino a quando il composto non sarà denso e cremoso. Assicurati che l'acqua nella pentola sia calda ma non bollente poiché non vuoi che il liquore all'uovo inizi a bollire e perda l'alcol. Vuoi riscaldare il liquore all'uovo a circa 160 gradi Fahrenheit.

e) Versate il liquore all'uovo nei bicchieri da sorseggiare subito o in bottiglie igienizzate da conservare per dopo. Se utilizzi attrezzature pulite e uova fresche, il liquore all'uovo dovrebbe conservarsi in frigorifero per circa 4 mesi.

99. Caffè all'uovo vietnamita

Porzioni: 2 tazze

ingredienti

- 12 once caffè espresso
- 1 tuorlo d'uovo
- 4 cucchiai di latte condensato zuccherato

Indicazioni

a) Prepara 2 tazze di caffè espresso

b) Montare il tuorlo d'uovo e il latte condensato zuccherato fino a ottenere picchi leggermente spumosi o morbidi.

c) Aggiungere il composto di uova sopra l'espresso.

100. zabaione

Porzioni: 4

ingredienti

- 4 tuorli d'uovo
- 1/4 tazza di zucchero
- 1/2 tazza di Marsala Dry o altro vino bianco secco
- qualche rametto di menta fresca

Indicazioni:

a) In una bacinella resistente al calore, sbatti insieme i tuorli e lo zucchero fino a quando non diventano gialli e lucidi. A questo punto va mantecato il Marsala.

b) Portare a ebollizione una pentola media piena per metà d'acqua. Iniziare a sbattere la miscela di uova e vino nella ciotola resistente al calore sopra la pentola.

c) Continuate a sbattere per 10 minuti con le fruste elettriche (o una frusta) sopra l'acqua calda.

d) Usa un termometro a lettura istantanea per assicurarti che la miscela raggiunga i 160 ° F durante il periodo di cottura.

e) Togliere dal fuoco e versare lo zabaione sulla frutta preparata, guarnendo con foglioline di menta fresca.

f) Lo zabaione è altrettanto delizioso servito sul gelato o da solo.

CONCLUSIONE

Pensi di sapere tutto quello che c'è da sapere sulle uova e su come cucinarle e infornarle? Pensa di nuovo! Il Fresh Eggs Daily Cookbook ti ha mostrato nuovi ed entusiasmanti modi per incorporare le uova fresche nel tuo repertorio di cucina e pasticceria, ogni giorno. Dalla colazione tradizionale a zuppe, insalate e portate principali, oltre a ricche opzioni per la cena e dolci prelibatezze.

www.ingramcontent.com/pod-product-compliance
Lightning Source LLC
Chambersburg PA
CBHW050019130526
44590CB00042B/910